KB073498

사원
제로,
혼자 시작
하겠습니다

사원 제로, 혼자 시작 하겠습니다

야마모토
노리아키 지음
구수영 옮김

좋아하는 일을 하며 이익을 남기고
여유롭게 사는 1인 비즈니스 성공법

21세기북스

社員ゼロ! 会社は「1人」で経営しなさい

Written by Noriaki Yamamoto
Copyright ⓒ Noriaki Yamamoto 2017
Korean translation rights arranged with ASUKA PUBLISHING INC.
through CUON Inc., Tokyo

1인 비즈니스를 꿈꾸는 사람들에게

회사를 크게 키운다.

주식상장을 노린다.

매출을 꾸준히 늘린다.

지금까지는 회사를 창업할 때 대부분 이렇게 생각해왔다. 하지만 상황이 달라졌다. 앞으로는 1인 비즈니스와 같은 '작은 회사의 시대'가 될 것이다. 인구가 점점 줄어듦에 따라 소비가 줄고 경제 규모도 축소되고 있다. 대기업조차 매출이 줄어 구조조정이 불가피해지고 인수합병이 늘었다. 도산하거나 소멸하는 회사는 갈수록 많아질 것이다.

　대기업이 갑작스레 위험한 상황에 빠지거나, 잘 나가던

기업집단이 무너지는 등 생각지도 못한 사태가 일어나는 시대에 기업에서 빠져나온 사람들은 어떻게 대처해야 할까.

나는 과거 증권거래소에 상장된 대기업에서 일했는데 당시 동료들 중에는 '희망퇴직' 권고를 받은 사람들이 있었다. 나는 두 사람에게 상담 요청을 받아서 이런저런 조언을 해주었다. 결국 그들은 다른 회사로 자리를 옮겼지만 퇴직하기까지 고민에 고민을 거듭했다.

회사에 남은 다른 동기들과 이야기도 해봤다. 한 동료는 40대 후반에 들어선 나이에 창업하기에는 리스크가 너무 크고, 이직하더라도 연봉이 더 높아질 리 없기에 그냥 회사에 남아 있을 수밖에 없다고 털어놓았다. 물론 회사가 앞으로 어려워질지도 모르지만 달리 방법이 없다고 말했다.

하지만 다른 길을 선택하는 사람도 있다. 퇴직 권고를 받은 한 선배는 라면집을 열 생각이라며 상세한 계획표를 보여주었다. 이 선배처럼 진지하게 고민한 후 계획을 세워 창업하거나 장사를 할 수도 있다. 특히 자신이 좋아하는 일이라면 어떻게든 꾸려갈 수 있다. 이는 내가 지금까지 수천 명의 경영자와 창업 희망자를 만나보고 몸소 깨달은 바다.

"계속하다 보면 어떻게든 된다." 무책임한 말이 아니라 정말 그렇다. 창업이나 장사를 하게 되었을 때, 자신이 좋아하는 일을 질리지 않게 올바른 방법으로 계속하면 문제는 풀리게 되어 있다. 다만 앞으로는 경제 규모가 줄어들 것이므로, 매출을 지속적으로 늘려 직원을 많이 고용하고 회사를 크게 키우기란 쉽지 않다. 따라서 혼자 할 수 있는 일을 하면서 꾸준히 돈 버는 것이 현명한 방법이다.

마음을 굳게 먹고 혼자 경영하기로 결정했다면 이제 남은 일은 올바른 방법으로 지속하는 것뿐이다. 나는 세무사이자 경영 컨설턴트로서 1인 혹은 2, 3인이 운영하는 작은 회사를 연구했다. 이 같은 회사의 세무 업무를 해왔을뿐더러 내가 직접 1인 기업을 10년 이상 경영했다. 그 결과, '1인 기업을 경영하며 오랫동안 유지하는 법'을 발견했다.

지금부터 내가 터득한 비결을 남김없이 공개하고자 한다. 이 책을 읽고 1인 기업을 경영한다는 선택지가 있음을 깨닫고 실천하게 된다면 더할 나위 없이 기쁘겠다.

차례

2장 · 회사를 크게 키우지 않는다

3장 · 1인 비즈니스 자금 관리법

4장 · 1인 비즈니스 시간 활용법

One-Person Business

1장

혼자서
회사를
경영한다

앞으로
경제 규모가
점점 줄어든다

1인 비즈니스와 사원 제로의 개념이 무엇이고 어떤 의미가 있는지를 다루기 전에 우선 오늘날 경제 상황과 회사가 앞으로 어떻게 변할지를 생각해보자.

앞으로 경제 규모는 점차 축소될 수밖에 없다. 그래서 사람들은 정부에 경기 부양 대책을 요구하고, 정부도 다양한 대책을 시행하고 있다. 하지만 대부분 벼락치기식 대책에 불과하고 실행된다 해도 일시적인 효과를 낼 뿐이다.

경제 성장이나 경제 규모의 크고 작음에 가장 큰 영향을 끼치는 요소는 바로 '인구'다. 인구가 늘어나면 그만큼 생활하는 사람이나 일하는 사람이 많아질 수밖에 없기에 생산과 소비가 늘어서 경제 활동이 활발해진다. 하지만 인구가 적으면 생산도 소비도 줄 수밖에 없다. 그러므로 경제 활동이 위축되는 것은 당연하다.

일본의 총인구는 이미 감소세를 보이고 있다. 2030년에 1억 1,662만 명을 기록한 후 2048년에는 1억 명 이하로 떨어져 9,913만 명이 되고, 2060년에는 8,674만 명이 될 것으로 예측된다. 또한 생산가능인구(만 15~64세 인구)는 2010년 63.8퍼센트를 기록한 이후 점차 감소하여 2017년에는 60퍼센트대 아래로 떨어지고 2060년에는 50.9퍼센트가 될 것으로 보인다.(총무성백서 '저출산·고령화·인구 감소 사회') [한국 총인구의 경우 증가 추세가 0퍼센트대를 기록했으며, 2032년부터는 인구가 감소할 것으로 예측된다. 2060년경에는 성장률이 −0.97퍼센트 수준까지 떨어질 전망이다. 또한 생산가능인구는 2016년 73.4퍼센트를 기록한 이후 점차 감소하고 있으며, 2060년에는 49.6퍼

센트가 될 것으로 보인다.(통계청 '2017 한국의 사회 지표')]

이처럼 총인구, 생산가능인구 모두 계속 감소하고 있기에 경제 규모가 축소되는 사태는 피할 수 없다.

'다소비세대인구'란, '소비를 가장 많이 하는 세대의 인구'를 말한다. 40대는 주택과 교육비에 큰 비용을 지출하는 세대이므로, 이 세대의 인구가 많을 때는 경기가 좋아지거나 주가가 상승한다.

일본의 경우, '단카이 세대'라 불리는 1947~1949년에 태어난 사람들의 인구가 많다. 이 세대 사람들이 40대를 넘어선 1987년 이후, 일본 경제는 버블로 들끓었다. 또한 '단카이 주니어 세대'로 불리는 1971~1974년에 태어난 사람들이 40대를 맞이한 2011년 이후, 경제는 점점 상승 추세를 보였고 도쿄올림픽이 열리는 2020년까지는 성장세를 유지할 것이란 목소리도 있다.

다만 단카이 세대가 다소비 세대인 시기가 지나자 버블이 붕괴하고 일본 경제가 무너진 것처럼, 단카이 주니어 세대가 다소비 세대인 시기가 지난 뒤에는 다소비세대인구, 생산

사원 제로, 혼자 시작하겠습니다

가능인구, 총인구 모두 현저히 감소할 것이다. 다시 말해 일본 경제의 장래는 밝다고 볼 수 없다.

인공지능, 로봇 등의 기술 혁신을 통해 경제 성장을 이끌 수 있다는 의견도 있지만, 인구 감소라는 커다란 파도는 거스를 수 없다. 우리의 경제 규모는 완만하게 줄어든다는 가설이 올바르다고 생각한다.

무리하게 경제를 성장시켜서 경기를 계속 띄우려고 하면 탈이 나서 버블 붕괴와 같은 우를 범할 수 있다. 완만하게 쇠퇴하는 현재 상황을 긍정적으로 바라보고 이런 환경에서 어떻게 살아가야 할지 생각하는 편이 더욱 건설적이다.

경제의 파도는 사람들의 마음가짐에 따라 일어나거나 잦아든다. 무리하게 경제 성장을 좇는 사람들이 많을 경우 원하는 대로 되지 않으면 모두 우울감에 빠지고 경제 규모는 더욱 줄어들 것이다. 그렇게 되지 않도록 경제 규모가 줄어드는 현실을 받아들이고 여기서부터 시작해야 한다.

경기불황,
저성장의 늪에서
살아남기

인구가 줄어들고 경제 규모가 축소되고 있는 상황에서 경제 성장을 추구하는 것이 과연 올바른 자세일까?

경제가 성장하면 물건과 서비스가 잘 팔려서 생산자는 물론 서비스를 제공하는 기업의 이윤도 늘어난다. 기업이 부유해지면 직원의 급여도 증가하며 구매 의욕이 늘어 개인 소비도 증가한다. 이에 따라 기업이 돈을 벌고 소비가 증가하는 이러한 선순환이 형성된다.

사원 제로, 혼자 시작하겠습니다

전체 인구가 늘어날 때는 이런 방식도 괜찮았다. 이런 성장 스토리가 아무런 문제없이 성립했다. 하지만 지금은 어떨까. 전체 인구가 줄어들 뿐 아니라 다소비 세대의 인구 역시 줄고 있다. 모두들 장래에 대해 불안해하기에 소비도 위축된다. 이렇게 되면 늘 매출과 이익에 신경을 쓰는 회사 입장에서는 직원의 급여를 늘려주지 못한다. 따라서 소비는 더욱 침체된다. 나아가 기업은 향후 이익을 확보하기 위해 각종 경비를 절감하려 한다.

기업은 물론이고 개인도 꾸준히 성장하려 할 때는 혁신적인 물건이나 서비스를 제공하고 새로운 가치를 창출해야 한다. 하지만 이런 목표를 실현할 수 있는 기업과 개인은 극히 일부에 불과하며 대다수는 무언가 성장을 추구하더라도 이를 실현하지 못한 채 힘든 날들을 보내게 된다. 가령 실제로 성장을 일구어낸다 해도 빈부 격차는 더욱 심해질 것이다. 부자는 가진 돈을 투자하여 더 많은 돈을 벌 수 있지만, 가난한 사람은 그런 부자에게 착취당할 뿐이다.

본디 기업이란 '직원이 일해서 얻는 수익'과 '직원에게 지불하는 급여'의 차액을 늘려 착취하지 않으면 존속할 수 없다. 성장을 추구할수록 착취를 늘릴 수밖에 없으니 직원은 더욱 가난해지는 것이다. 그렇다면 성장을 추구하기보다는 적당한 수준을 유지하는 방법을 고민하는 편이 좋지 않을까?

'성장해야 한다'는 마음은 충분히 이해한다. 성장해서 버는 돈이 늘어나면 여유가 생기고 당연히 더욱 풍요로운 생활을 누릴 수 있을 것이다. 넓고 좋은 집에 살면서 고급 승용차를 구입하고 쾌적한 삶을 즐기려면 돈이 많아야 한다.

하지만 이제부터는 '돈이 많지 않아도 쾌적한 삶'을 사는 방법을 생각해야 한다. 앞으로는 이렇게 살아갈 수밖에 없을 것이다. 회사는 '매출이 점차 줄어든다', 그리고 개인은 '급여가 점차 줄어든다'는 점을 전제하여 이에 맞는 계획을 세우고 회사와 가계를 꾸려나가야 한다.

매출이 줄어도 다양한 각도에서 연구하고 고민하면 어떻게든 길이 열린다. 회사는 비용을 절감하고 불필요한 경비를 없애면 이익을 확보할 수 있다. 개인도 생활비 절감을 전제로 계획을 세운다면 돈이 남게 돼서 이 자금을 융통성 있게 사용하고 저축도 할 수 있다.

경제 규모가 줄어들어도 어떻게 대응하느냐에 따라 전보다 오히려 풍족한 삶을 누릴 수 있다. '경제가 반드시 성장해야 하는 것은 아니다'라는 사실을 모두가 알게 된다면 물건의 가격이 점점 내려갈 것이다. 주택 구입은 '인생 최대의 쇼핑'이라 불리는데 주택도 지금보다 가격이 내려갈 수 있다.

앞으로는 초저가 주택도 늘어날 것이다. 생활하는 데 불편함 없는 수준의 수백만 원에서 수천만 원짜리 집들도 이미나와 있다. 주택뿐만 아니라 다른 생활비용도 점점 내려갈 것이다. 저비용으로 살아가더라도 충분히 풍족한 생활을 할 수있다. 이런 삶을 꾸려가기 위해서는 굳이 성장이 필요치 않다.

'성장하지 않으면 살아남을 수 없다'는 생각은 이제 완전히 버리자. 성장하지 않는 세상에서 어떻게 즐겁게 살아갈 것인가를 생각하는 쪽이 더욱 건설적이고 건강하다.

대기업이라고
안전하지 않다

최근 몇 년 동안 국제 정세는 매우 불안정했다. 미국이 시리아를 공격했고 세계 각지에서 매일같이 테러가 일어났다. 따라서 우리는 국제 정세가 불안하다는 점을 인지한 채로 각자의 자리를 지킬 수밖에 없다.

나 또한 국제 정세에 무지한 편이고 정치도 잘 알지 못하지만 나름대로 열심히 공부하고 있다. 여러분도 책을 많이 읽고 매일 신문의 국제면이나 해외 뉴스를 보면서 내가 무엇을

사원 제로, 혼자 시작하겠습니다

할 수 있고 앞으로 어떻게 살아가야 할지를 고민해야 한다. 가령 테러만 보더라도 많은 사람을 두려움에 떨게 할 목적이라면 도시나 인구 밀접 지역을 노릴 터이다. 그렇다면 인구가 적은 시골로 이주하는 것을 고려할 수 있지 않을까? 규모가 작은 사업체를 운영한다면 시골이 도시보다 비용이 적게 드니 유리한 점도 많다.

또한 사업을 시작할 때나 재정비할 때는 국제 정세에 되도록 영향을 받지 않는 분야를 골라야 한다. 예를 들어 유럽에서 물건을 들여와 판매하는 일처럼 외국과 거래 관계를 맺어야 하는 경우에는 주의해야 한다. 해당 국가와 거래가 금지되거나 방문 자체가 불가능해질 개연성이 있기 때문이다.

자국의 경제 규모가 점차 축소되는 상황에서 사업을 시도할 때 해외로 눈을 돌리는 것은 자연스러운 현상이다. 다만 국제 관계나 국제 정세를 면밀히 고려해야 한다. 자기 의지와 무관하게 사업이 중단될 수 있고, 현지에 방문했을 때 신변이 위험에 처할 수도 있다는 점을 염두에 두어야 한다. 당장 우리 일상에 영향을 미칠 정도로 심각한 상황은 아닐 수도 있지만 삽시간에 그런 위험에 처할 개연성은 늘 숨어 있다. 그러니 항상 주의 깊게 살펴야 한다.

내가 구직 활동을 한 것은 1993년이다. 벌써 20년도 더되었다. 당시에 들어가고 싶어 했던 기업은 대부분 증권거래소에 상장된 대기업이었다. 사람들은 누구나 알 법한 대기업을 동경했고, 그곳에 입사해서 일하고 싶어 했다. 대기업 사원이 되어 일하면 대단하다는 말을 들었고 이를 성공한 삶이라 생각했다. 지금도 학생들에게는 이런 사고방식이 뿌리 깊게 남아 있다. '들어가고 싶은 회사 순위'를 보면 역시 이름만 대면 알 만한 대기업이 상위를 차지한다.

하지만 대기업이나 이를 둘러싼 환경은 내가 구직하던 당시와 크게 달라졌다. 지금까지 '영원히 살아남겠지', '우리 회사는 무척 안정돼 있어서 문제없어'라고 생각하던 기업이 갑자기 합병되거나 외국계 기업 아래로 들어가거나 파산하는 일이 빈번히 일어나고 있다. 따라서 대기업 역시 완만하긴 하지만 쇠퇴의 길을 걷고 있다 하겠다.

내 친척이 일하던 기업도 한때는 업계의 풍운아로서 큰

사원 제로, 혼자 시작하겠습니다

돈을 벌었지만, 결국에는 외국 회사에 넘어가고 말았다. 또한 '국내에서 가장 안정된 기업이니 주식을 사서 배당 수익을 얻기에 안성맞춤이다'라는 말을 듣던 회사도 예기치 못한 사태로 어려움에 부닥쳐 헤매고 있다.

학창 시절에 내가 구직 활동을 하던 기업 중 4분의 1에서 3분의 1 정도는 이미 문을 닫았고, 살아남았다 해도 매우 힘겨운 상태다. 내가 일하던 기업도 이전에는 '직원을 반드시 지키겠다'고 선언했지만, 결국에는 희망퇴직자를 모집했고 실제로는 권고 퇴직도 있었다고 한다. 수많은 동기와 선배들이 회사를 나와야 했다.

'대기업은 쉽게 망하지 않는다'는 생각은 이제 버려야 한다. 오히려 대기업이기에 더 힘들어진다고 해도 과언이 아니다. 경제 규모가 축소되면 평균 매출 또한 줄어들 수밖에 없다. 이런 시대에 지금까지 해온 대로 지속적으로 매출을 늘리는 계획을 세워서 경영하다 보면 몸집이 큰 대기업은 비용이 불어나고 이익은 자연히 줄어들게 된다. 그러다 보면 앞서 말한 바와 같이 도산, 합병, 매각 같은 사태에 직면하게 된다.

다양한 기업의 '중기 경영 계획'을 살펴본 적이 있는데, 매출을 줄여 잡은 계획은 한 번도 본 적이 없다. 이렇게 어려운 시대임에도 불구하고 대부분 지속적인 매출 증가를 전제로 경영 계획을 세우고 있었다.

경제 규모가 점차 축소되는 시대에 매출을 늘리는 중기 경영 계획을 세우고 이를 당연시하는 것은 옳지 않다. 매출을 늘리는 계획을 세우려 한다면 매출 증가분 이상으로 경비를 줄이는 계획을 세워야만 한다. 매출 증가를 달성하지 못하면 이익은 줄어든다. 혹은 적자가 날 가능성이 크다.

지금 대기업에서 근무하고 있는 사람은 미래에 대해 어떻게 생각하고 있을까? 위기감을 느끼면서 일하는 사람도 많겠지만 대다수는 막연히 우리 회사는 괜찮을 거라고 생각하지 않을까? 하지만 괜찮지 않을 수도 있다. 물론 일부 회사는 무사히 살아남겠지만, 이제는 무슨 일이 일어나도 이상하지 않다. 직원 수만 명 규모의 회사가 갑자기 무너져버리면 하청회사, 협력회사 임직원까지 모두 길거리에 나앉을 수 있다. 이런 사태의 여파는 상상을 초월할 것이다.

돈과 노동의 가치가 떨어진다

로봇이나 인공지능의 발달로 많은 직업이 사라질 것이란 말을 자주 듣는다. 미디어에서도 이런 상황에 대비해서 무엇을 해야 할지 생각해보자는 내용의 특집 기사를 자주 내보낸다. 여기서는 각도를 조금 틀어 로봇이나 인공지능의 발달로 무엇이 어떻게 바뀌게 될지, 이런 시대에는 어떻게 살아가면 좋을지를 생각해보자.

　로봇이나 인공지능이 발달하면 지금껏 인간이 하던 일

을 로봇이 대신하게 될 것이다. 압도적으로 효율적일뿐더러 비용도 상대적으로 덜 들 테니 당연히 인간이 하는 일이 줄어들 것이다. 자명한 사실이다.

현재 편의점이나 슈퍼마켓에서는 인간이 물건을 들여놓고 진열하고 계산대를 지키지만, 앞으로 이런 일은 로봇이나 인공지능이 맡게 될 가능성이 크다. 단순 반복 노동뿐만 아니라 전문 분야의 업무 역시 인공지능이 대체할 것으로 보인다.

우리는 우선, 자신이 하는 일이 기계로 대체될 수 있는 일인지를 생각해봐야 한다. 참고로 세무사 업무, 집필 업무 등 내가 현재 하는 일은 상당 부분 기계로 대체될 가능성이 있다. 따라서 기계가 쉽게 할 수 없는 창조적인 일로 업종을 바꿔나가려고 노력하고 있다.

한편으로는 체념에 가까운 심정이 들기도 한다. 어차피 기계로 대체돼버릴 수밖에 없다면, 실제로 이런 현실에 직면했을 때 어떻게 해야 좋을지를 긍정적으로 생각해보는 것이다. 모든 일이 인공지능이나 로봇으로 대체될 리는 없다. 분명 인간이 할 수 있는 일도 많을 것이다. 지금은 일부러 시간을 내서 그런 일에 대해 생각하고 있다.

인간이 하는 일을 점차 로봇이나 인공지능이 하게 되면 무엇이 달라질까. 나는 '노동'이나 '물건'의 가치가 상대적으로 낮아질 것으로 생각한다. '노동'의 경우 명백하다. 인간이 땀 흘려 하던 일을 기계는 몇 배나 빠른 속도로 아주 높은 효율로 수행할 것이다. 이렇게 되면 인간의 노동가치는 상대적으로 낮아질 수밖에 없다. 기계에 돈을 들이는 편이 낫다는 것은 곧 인간에게 지급할 보수나 급여는 내려간다는 말이다.

노동의 가치가 낮아져서 임금이 줄어들면 구매력도 떨어진다. 또한 같은 물건을 만드는 비용도 줄어들 테니 물건의 가치도 낮아질 것이다.

예를 들어 주택도 지금까지는 많은 사람이 관여하여 많은 노동시간을 투입했기에 가격이 비쌀 수밖에 없었다. 욕먹을 것을 각오하고 말하자면 사실 집은 더 싸게 지을 수 있다. 최근에는 사람이 충분히 살 만한 수천만 원대의 저가 주택도 나오기 시작했다. 기존 업계의 압력 등으로 보급이 늦어지고 있지만 누구도 대세를 거스를 수는 없으니 저가 주택이 널리 보급되는 날이 분명히 올 것이다.

저비용으로 생활할 수 있으면 그만큼 많은 돈을 벌 필요도 없어진다. 실은 이런 추세는 사람이 노동을 하지 않아도 된다는 의미에서는 환영할 일이라고 본다. 하지만 기존 산업 관계자들이 일자리를 지킨다는 명목으로 유형 무형의 규제와 압력을 가하며 기계화, 자동화의 진행 속도를 늦추고 있는 것이 실상이다.

규모가 작은 1인 비즈니스를 꿈꾼다면 기계화와 자동화가 진행되는 세상을 한번쯤은 생각해보았으면 한다. 이런 환경에서는 매출을 지속적으로 늘릴 필요도 없고 무리하지 않아도 되는 스마트 경영을 할 수 있게 될 것이다.

사원 제로, 혼자 시작하겠습니다

20대에
취직하고
60대에
퇴직한다?

두말할 필요도 없이 지금까지 우리 사회에서 당연하게 여겨지던 경력 관리 방식은 붕괴되었다. 다시 말해 대학을 졸업하고 20대 중후반에 사회인이 되어 30~40년 일한 후 60세나 65세에 정년퇴직을 하고 퇴직금과 연금으로 유유자적하게 생활한다는 계획은 이제는 실현할 수 없게 되었다. 아직 이런 모델을 고수하고 있는 개인과 기업이 많을지도 모른다. 하지만 이는 '지속적인 매출 증가'를 전제로 하고 있기에 지속하기 쉽지 않으며 언젠가는 완전히 사라질 것이다.

연금 제도가 개혁되지 않는다면, 연금은 65세부터 지급하기도 어려워질 것이고, 40대인 내가 60대가 될 무렵에는 70세나 75세 정도부터 지급될 것이다. 관련 준비는 차례차례 진행되고 있다. 어쩔 수 없는 일이다. 젊어서 회사에 충성만 하면 죽을 때까지 먹여살려주던 시대는 완전히 지났다. 우리는 앞으로 자신의 미래 계획을 스스로 짜나가야 한다. 누가 대신해 주지 않는다.

무엇보다 '20대 중후반에 취직'한다는 가설 자체가 이미 타당성이 없어졌다. 어려서부터 미래에 무슨 일을 할지를 생각하여 계획을 세워 차근차근 실천해나가야 한다. 어렸을 때 방랑하거나 젊은 사람이 사업을 시작하는 일이 당연하게 여겨지는 시대가 올 것이다. 20대 중반에 발을 한 번 잘못 디딘 죄로 이후의 인생이 완전히 꼬여버리는 지금 같은 풍조는 사라져야 한다.

거의 모든 사람이 올라타던, 모델 역할을 하던 열차가 없어지면 다양성을 인정하는 시대가 올 것이다. 그렇다면 학교

사원 제로, 혼자 시작하겠습니다

교육부터 바뀌어야 한다. 판에 박은 모델 따위는 버리고 자신의 뜻과 취향에 따라 어떤 선택을 하든 격려하는 분위기가 형성되어야 한다. 이처럼 큰 의식부터 바꿔나가야 한다.

앞으로 사람들은 분명 '돈이나 명예와 상관없이 자신이 좋아하는 일, 잘하는 일을 하면서 가급적 오랫동안 일하며 살아가는 삶'을 추구할 것이다. 그러기 위해서는 자연스레 '창업'이나 '장사'를 하는 것이 당연하게 여겨지는 세상이 되어야만 한다. 그래서 1인 경영이 필요한 법이다.

그냥 매일 세 끼를 먹고 살 수 있을 정도면 충분하다. 다만 할 수 있는 대로 오랫동안 즐겁게 계속할 수 있으면 된다. 이 일을 '생업'이라는 말로 바꿔 말해도 좋으리라.

지금까지 그래왔듯, 도시에 사무실을 구해서 점차 매출을 늘리며 수많은 직원을 고용하여 상장 혹은 대박을 목표로 경영하는 방식만 고수한다면 포화 상태에 이를 수밖에 없다. 따라서 혼자서 1년에 수천만 원 정도 벌고 시골에 살며, 수입의 절반 정도는 농사일로 충당하면서 여유로운 시간을 누리는 삶의 방식을 택하는 사람이 늘어날 것이다. 나 또한 이런

1장 · 향후 경제 상황과 회사에 대해서 생각해보자

삶을 꿈꾼다.

독립해도 될지 말지 고민하는 사람도 있을 것이다. 물론 지금 하는 일을 계속하지 말라는 말이 아니다. 할 수만 있다면 당연히 계속해야겠지만, 자신의 의지와는 무관하게 일을 그만두는 경우도 얼마든지 생길 수 있다. 그럴 때가 오면 이 책을 떠올리기 바란다. 작은 회사를 만들어 생업으로 삼는 방법도 있다는 것을 염두에 두었으면 한다.

1인 기업, 꿈꾸는 것이 시작

앞으로 많은 변화가 매우 빠른 속도로 일어날 테고, 우물쭈물하고 있으면 시대에 뒤처지고 말 것이다. 따라서 이를 피하려면 무엇을 해야 하는지를 생각한 끝에 나름의 결론을 내리게 되었다.

이런 문제의 해결책으로, 창업과 1인 비즈니스가 중요한 열쇠가 될 것이다. 다시 한 번 정리하면, 1인 경영은 1인 혹은 극소수 인원이 일하여 돈을 버는 방식이다. 기본적으로는 사원 제로, 즉 사원 없는 회사를 지향한다. 벌어들이는 돈은 많든 적든 상관없다.

1인 경영의 장점은 다음 장부터 자세히 설명할 생각이지만, 한마디로 향후 규모가 축소돼가는 경제체제에 딱 맞는 경영이라 할 수 있다. 혼자서 회사를 경영하면 경비를 비롯한 지출을 매우 낮은 수준으로 유지할 수 있어 많은 매출을 올릴 필요가 없다. 필요한 매출액이 낮아지면 경영이 쉬워지고 경영자가 스트레스에서 해방된다. 또한 개성적인 사업을 벌임으로써 사회에도 공헌할 수 있다.

1인 경영을 하는 사람은 경영이나 사업뿐 아니라 자신의 생활비나 은퇴한 후에 필요한 자금 문제 등을 진지하게 생각하여 대책을 세우는 것이 매우 중요하다(자세한 내용은 나중에 설명한다). 따라서 1인 경영에는 고령화에 따르는 자금 문제 등을 해결하는 대안이 담겨 있다.

"나는 창업이나 경영은 절대 할 수가 없어." 이렇게 말하는 사람이 많다. 사실 이런 사람을 여럿 만났고 각자의 고민을 들어왔다. 하지만 그중 많은 사람이 실제로 사업을 시작해

사원 제로, 혼자 시작하겠습니다

규모는 작지만 탄탄한 회사를 운영하며 행복하게 살고 있다.

과장처럼 느껴질 수 있지만, 1인 경영을 제대로 이해하고 실행하는 사람들이 늘어나면 다가오는 사회에도 커다란 기여를 하리라 믿는다. 이 책을 끝까지 읽으며 착실히 공부한 다음 어느 정도 준비가 갖추어지면 1인 경영의 세계로 성큼 들어서기를 바란다.

One-Person Business

2장

회사를 크게 키우지 않는다

회사를
크게 키우면
안 되는 이유

지금부터는 1인 비즈니스와 사원 제로의 본질을 알아보자.
많은 사람이 1인 경영을 실천할 수 있도록 하나하나 자세히
설명하겠다.

우선 '회사는 크게 키워야 한다'는 개념부터 없애자. 회
사는 키우지 않는 편이 좋다. 이유는 다양하다.

첫째, '매출을 점차 늘리려다 보면 결국 무너질 가능성이
크기 때문'이다. 앞으로는 경제 규모가 축소될 것으로 예상되

므로 전체 매출 또한 줄어들 것이다. 따라서 매출을 늘리며 성장하는 기업 또한 적어진다. 물론 살아남아 돈을 버는 회사도 있을 테니 이런 데를 노려 취업하는 방법도 생각해볼 수 있겠지만, 나 같은 평범한 사람에게는 좀처럼 이루기 어려운 꿈이다. 그보다는 매출을 점차 줄여나가면서 어떻게 이익을 얻을 것인가를 생각하는 편이 잘 풀릴 확률이 훨씬 높다.

둘째, '회사를 크게 키우다 보면 인간관계에서 문제가 드러나기 때문'이다. 사람이 두 명 있을 때, 이들을 서로 연결하는 관계의 선은 하나뿐이지만, 세 명이 되면 세 개, 네 명이 되면 여섯 개, 다섯 명이 되면 열 개…… 이런 비율로 점차 늘어난다. 그러면 사람 사이에 조금씩 알력이 생겨 조직이 제대로 굴러가지 않고 업무가 원활히 돌아가지 않는 사태가 일어날 수밖에 없다. 나아가 중요한 업무를 담당하던 사람이 갑자기 회사를 그만둘 위험도 있다.

지인 중에 열 명 정도의 인원으로 이익률이 높은 회사를 운영하는 사장이 있는데, 여러 명의 직원이 앞서거니 뒤서거니 회사를 그만두어 일이 제대로 돌아가지 않게 되었을 때는 우울증에 빠지기도 했다. 또한 사람이 많아지면 장시간 노동에 의한 과로, 괴롭힘, 성희롱, 비리 등 일일이 손에 꼽기 어려울 정도로 많은 문제가 생겨난다.

셋째, '회사 규모를 키우고 난 후에는 이를 줄이기가 쉽지 않고, 계속 유지하기는 더욱 어렵기 때문'이다. 매출이 증가해 그만큼 늘어난 일을 감당하려고 직원을 고용하면 일하는 공간과 설비를 마련해야 한다. 그러기 위해서는 다시 매출을 늘려야 하고…… 이처럼 이전이나 확장, 지점 설치 등을 반복하면서 회사를 키워나가다 보면, 이런 흐름을 멈추고 예전 상태로 되돌아가기가 매우 어려워진다.

나도 처음에 세무사무소를 열었을 때는 꿈에 부풀어 매출을 늘려나갔고 직원을 많이 고용하여 회사를 키웠다. 하지만 어느 시점이 되어 '최소 규모'로 돌아가기로 결심했지만, 막상 이렇게 하기가 무척 힘들었다.

일단 받은 일을 거절하기는 쉽지 않다. 또한 매출이나 일을 줄이면 데리고 있는 직원의 생계 문제가 불안정해지기에 생각처럼 쉽게 저지를 수가 없다. 직원을 줄이려고 마음먹는다고 해서 곧바로 해고할 수가 없고, 이미 확장한 설비를 줄이는 일도 쉽지 않다.

축소하는 것은 생각보다 녹록지 않은 일이다. 회사의 확장보다 축소가 훨씬 어렵다. 뛰어난 실력으로 회사를 키우고 증권거래소에 상장시킨 후 더욱 유명해져서 계속 확장해가는 경영자도 드물게는 볼 수 있다. 그런 꿈을 꾸고 있다면 한번 시도해보는 것도 나쁘지는 않다. 하지만 어중간한 규모로 사업을 키우면 경제 규모나 시장의 축소에 발맞추어 사업을 줄이기가 힘들어진다.

회사의 규모는 자연스럽게 커진다거나 회사를 키우는 것이 당연한 이치라는 말은 성장기에나 들어맞는 이야기다. 성장기는 끝난 지 오래다. 우리는 회사를 크게 키우지 않아야 한다는 것을 마음속 깊이 유념해야만 한다.

사원 제로,
직원 없는
경영의 장점

다가오는 시대에 맞는 경영 방식은 1인 경영이다. 일정 수준의 인원으로 회사를 꾸려가는 것도 좋지만, 최소 규모로, 혹은 혼자서 회사를 경영하는 것이야말로 시대에 알맞은 방식이다. 이런 회사가 늘어나면 좋겠고, 이런 경영 환경을 만드는 것이 내 사명이다.

앞서 회사를 크게 키웠을 때 나타나는 폐해에 관해 언급했다. 여기에서는 1인 경영의 장점을 소개하겠다.

1인 경영에는 장점이 정말 많다. 가장 큰 것은 '상황 변화에 유연하게 대처할 수 있고 방향 전환이 용이하다'는 점이다. 큰 기업을 작게 줄이기는 매우 어렵다는 점은 앞에서 말한 바 있다. 그런데 작은 회사는 매출을 줄이면서도 이익을 늘릴 수 있다. 경비를 효율적으로 절감하여 이익을 확보하면 되기 때문이다.

또한 시대에 맞지 않는 사업은 접고 새로운 영역을 개척하여 궤도에 올리기도 비교적 쉽다. 원래 하던 일에 집착하지 않아도 된다. 예를 들어 학원을 경영했다고 하더라도 저출산으로 매출이 늘지 않으면 어른들을 위한 자습실이나 세미나실 등으로 전환하는 방법도 생각할 수 있다.

또한 일단 궤도에 오른 일은 다른 사람에게 맡기고 자신은 새로운 일에 도전하는 방식도 선택할 수 있다. 현재 하는 일을 외주로 넘기고 자신은 새로운 사업을 벌이는 것이다. 이렇게 하면 무거운 짐을 짊어지지 않고 가벼운 마음가짐으로 살아갈 수 있다. 이처럼 '상황 변화에 유연하게 대처할 수 있다'는 것은 매우 큰 장점이다.

지금까지 말한 내용과는 조금 벗어난 이야기일지 모르지만, 이쯤에서 '투자'에 대해 설명하고자 한다. 말은 '경영'이라고 했지만 사실 본질은 '투자'이다. 우선은 종잣돈을 만들어 사업에 투자한다. 그리고 어떻게든 이익을 내서 투자금을 회수하는 것이다. 이처럼 한 가지에 올인하여 큰돈을 쏟아붓고 많은 사람과 협력하며 사업을 키워가는 방식이 있는데 이는 일반적인 주식회사의 투자 방식이다.

한편, 많지 않은 금액을 투자하고 사업을 크게 키우지 않으면서 효율적으로 이익을 내서 투자금을 회수하는 방법도 있다. 1인 경영 체제라면 이러한 투자를 쉽게 할 수 있다.

앞으로 경제 규모가 축소되고 대기업도 매출과 이익이 떨어지면 큰 회사에 의존해 일하기도 당연히 어려워질 것이다. 자의든 타의든 회사를 그만두게 되면 많은 사람이 고용안정센터에 다니며 일자리를 찾는다.

물론 이직이나 제2의 직업을 찾는 것도 좋다. 하지만 한 번쯤은 1인 경영의 가능성을 생각해보자. 자본금이 아주 적거나 사업 규모가 작아도 상관없다. 투자금의 액수는 생각하지 말자. '투자한다'는 사고방식이 중요하다.

생활비 절감을 전제로 하여 자신과 가족이 먹고살 수 있을 정도의 사업체는 누구나 별 어려움 없이 경영할 수 있다. 노동자로 살아가는 것도 좋지만 작은 규모의 1인 경영을 염두에 두는 것도 추천한다.

1인 경영의 투자 방식

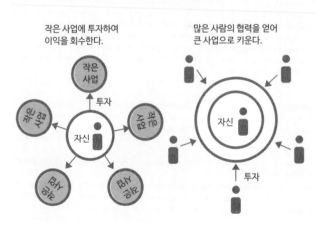

작은 사업에 투자하여
이익을 회수한다.

많은 사람의 협력을 얻어
큰 사업으로 키운다.

생산성을 높이는 방식으로 일하라

일본에서는 나라 전체가 '시간을 들이지 않고 가능한 한 생산성을 높이는' 쪽으로 향하고 있다. 앞으로는 '생산성을 높이는 것'이 무척이나 중요하게 여겨질 것이다.

개개인의 생산성을 높이기 위해서는 '노동시간을 줄이는 것'이 중요하다. 일본 사람들은 무척이나 근면하다. 덕분에 고도성장을 구가하며 부유해질 수 있었다. 물론 근면은 중요한 요소다. 하지만 '긴 시간 동안 일해야 한다', '긴 시간 일

사원 제로, 혼자 시작하겠습니다

해야 돈을 많이 번다'고 생각하는 사람이 많아서 이로 인해 각종 사회문제가 생겨났다.

장시간 근무로 인해 마음의 병이 생겨 '과로 자살'을 하는 문제가 발생하고 있는데도 아직 장시간 노동이 사라지지 않고 있다. 하지만 1인 경영에서는 경영자의 의식에 따라 장시간 노동을 줄일 수 있다. 상황 변화에 대처하기 위해 업무를 개선하는 일도 어렵지 않다. 이런 점에서 생산성 향상이 용이하다고 할 수 있다.

무슨 일이건 간에 목표를 내걸고 이를 달성하기 위해 계획을 세운 후, 매일 차근차근 실천하는 것이 중요하다. 계획을 실천할 때는 일의 진척 상황이나 진행 방향, 세상의 흐름에 맞추어 날마다 계획을 조정해야만 한다. 크게 방향전환을 해야 할 때도 있다.

1인 경영에서는 사장 혼자 바뀌면 그뿐이므로, 방향 전환이나 조정도 쉽다. 1인 경영을 하는 사장은 '변화하는 것이 일'이라고 해도 과언이 아니다.

지금까지 1인 경영의 장점을 말했는데, 이외에도 다양한 장점이 있다. 하나씩 살펴보도록 하자.

우선은 '돈'에 관한 부분으로 '가계와 연결된 경영 계획을 세울 수 있다는 점'이다. 가계와 일을 왜 연결해야 하는지 궁금할지도 모른다. 하지만 경영 계획을 세울 때 우선 가계를 고려하는 것은 매우 중요하다.

나는 10년 넘게 세무사로 일하고 있으며, 많은 경영자와 사장을 만났다. 그중에는 생활비나, 은퇴 이후에 필요한 각종 비용에 대한 준비 등 가계를 전혀 관리하지 않는 사장도 많았다. 이들이 경영한 회사는 대부분 기울어버리곤 했다.

반대로 가계를 제대로 관리하는 사장이 경영하는 회사는 사업이 원활히 돌아갔다. 돈이 없고 생활에 여유가 없으면 회삿돈을 멋대로 유용해버리는 등 공과 사를 구분하지 못하게 된다. 그러면 회사가 제대로 돌아가지 않는다. 또한 아무리 회사에서 돈을 많이 벌더라도 개인의 회계 개념이 제대로 잡혀 있지 않으면 어느새 있던 돈도 사라지고 대출을 받거나 무리해서 일을 해야 하는 상황에 빠질 수도 있다.

우선 개인 회계 관리를 제대로 해서 임직원 급여(자신의 급여)가 어느 정도이고 이를 지불하기 위해서는 매출을 얼마나 올려야 하는지를 계산해야 한다. 개인 회계 관리를 회사의 회계 관리와 연결할 수 있다는 점이 1인 경영의 장점이다.

경제 규모가 줄어들면 전체적인 매출도 줄어들 수밖에 없다. 그러므로 가계의 생활비를 절감하여 필요한 매출을 가능한 한 낮추는 것이 여유 있는 경영으로 이어지는 길이다.

1인 경영의 또 하나의 장점은, 앞서 쓴 내용과 중복되는 면이 있지만, 역시 '사람 관리'에 들이는 품이 적다는 것을 빼놓을 수 없다. 직원이 많으면 그만큼 생산성이 낮아질 가능성이 있고 사람들 사이에 불화가 생겨난다. 사람이 많으면 자연히 문제가 생길 여지도 많아진다. 한때는 '사람을 관리하는 것이야말로 경영의 본질이다'라고들 했지만 이제 그런 시대는 지났다. 앞으로는 사람들에게 휘둘리지 않고 사업하는 것이 더욱 중요해지는 시대가 올 것이다.

또한 규모가 작을수록 유사시에 기존 사업을 정리하고 새로운 사업을 창업하기 쉬워진다. 또한 주력 사업의 규모를 줄여 부업으로 삼거나 해당 분야의 프리랜서를 하기에도 용이하다. 실험적으로 사업을 일으켜본 후 잘 안 되면 정리하고, 잘 풀리면 일정 수준의 자본을 투입하여 계속 운영해나가는 방식도 가능할 것이다.

규모가 커지면 사무실 공간도 많이 필요하다. 이를 위해서는 초기 투자금이 많이 들기 때문에 대출도 고려해야 한다. 대출금의 이자를 지급하려면 매출을 더 늘려야 하고 늘어난 일을 해내기 위해 직원도 더 많이 채용해야 한다. 그러면 또 직원들이 일할 공간이 더 필요해진다…… 이렇게 무한 반복되는 양상으로 규모를 키워나갈 수밖에 없게 된다. 일단 이런 흐름에 올라서게 되면, 규모를 일정하게 유지하기 어려울뿐더러 줄이기는 더더욱 어렵다.

우선 작게 시작해서 제대로 운영할 수 있게 된 다음 (너무 사람을 늘리지 않고 사무실 등의 공간도 확대하지 않고) 사업을 키워나가기로 마음먹어야 한다. 그리고 경영뿐 아니라 자신의 인생이나 노후를 보내는 데 필요한 돈도 생각하며 경영하는 것이 중요하다.

사무실과 직원이 꼭 필요하지 않다

앞서 정리한 것처럼 규모를 키우면 사무실도 늘려야 하고, 이를 위해 더욱 많은 사람을 고용해야 한다. 이런 사태를 피하려면 애시당초 작은 규모로 경영해야 한다. 즉 사무실과 직원이 불필요한 방식으로 경영을 하는 것이다.

사람에게는 고정관념이 있기에 회사를 경영할 때는 직원과 사무실이 필요하다는 사고방식이 뿌리 깊게 남아 있다. 이미 회사를 경영하고 있는 사람들은 모두 회사를 크게 키울 것이라고 말한다. 또한 앞으로 사업을 시작하려는 사람도 회사를 얼마나 크게 키우고 매출은 얼마나 늘릴지, 돈은 또 얼마나 많이 벌지를 생각한다.

최근에는 나가지 않지만, 경영자 모임이나 세무사 모임에 갔을 때 "사무실은 어디에 있나요?"라거나 "직원은 몇 명 정도인가요?" 같은 질문을 많이 받았다. 사무실 규모가 어느 정도이고 얼마나 호화스러운지, 나아가 직원은 몇 명인지를 물으며 경영자를 평가하려 드는 것이다.

하지만 이런 것은 낡은 고정관념이다. 내가 큰 사업을 하는 사람처럼 보이는지 평소에 이런 질문을 많이 받는 편이지만, 나는 언제나 당당하게 '직원은 단 한 명'이라고 말한다.

이제 더 이상 확대 경영이 필요하지 않다. 앞으로는 모두들 자신이 잘하고 좋아하는 일을 꾸준히 계속하는 게 중요해질 것이다. 인공지능, 로봇, 기계가 인간의 일을 대신하게 될 미래에는 이것 말고는 달리 살아남을 방법이 없다고 해도 과언이 아니다.

회사를 키우고 직원을 많이 고용한다는 것은 획일적인

일을 표준화하는 방향으로 나아간다는 말이다. 이런 일은 결국 로봇이나 인공지능이 쉽게 대체할 수 있어 급기야는 일 자체가 아예 사라질 가능성도 크다. 각자 자신만이 할 수 있는 일, 그리고 평생 지속할 수 있을 만큼 좋아하는 일을 하면 기계화의 파도에 휩쓸리지 않을 것이다. 규모는 키울 수 없더라도 큰 욕심만 부리지 않으면 충분히 살아갈 수 있다.

이런 부류의 일에는 사무실이나 직원이 필요하지 않다. 오히려 기계화의 파도에 제대로 올라탈 수 있다면, 어디서든 일할 수 있다. 나아가 표준화된 사무 처리 따위는 거의 필요치 않게 된다. 가령 자신이 직접 한다고 해도 많은 시간이나 노력을 들이지 않고 해낼 수 있다.

사무실이나 직원이 필요하다는 생각은 고정관념에 불과하다. 사무실이 없는 회사라니 무슨 소리냐고 할 수 있지만, 사실은 없어도 전혀 문제없다. 나 또한 집 근처의 아파트 하나를 얻어 사무실로 이용했는데 이 공간도 사용하지 않을 예정이다. 직원을 고용해야 하지 않을까 생각하는 사람도 있겠지만 사장 혼자서 충분히 사업을 꾸려나갈 수 있다.

경영자가 해야 할 일은 '자신만이 할 수 있는 일을 하는 것'이다. 이것 말고 필요한 일은 외주를 주면 된다. 지금 직원에게 이런 일을 맡기고 있다면 그를 독립시켜서 일을 위탁한다. 그러면 1인 기업이 또 하나 생겨난다. 모든 직원이 1인 기업을 제대로 운영하며 꾸준히 이익을 얻는다면 사회에 활력을 불어넣을 수도 있을 것이다.

사원 제로, 혼자 시작하겠습니다

외주업체와 스태프를 잘 활용하는 법

모든 일을 혼자서 해내는 회사도 있지만 파트타임 직원이나 아르바이트생을 둘 수도 있다. 1인 비즈니스를 할 때 자기 혼자 처음부터 끝까지 일을 해내기도 하지만, 대부분 누군가에게 일을 부탁해야 할 때가 많다. 그렇다면 스태프나 외주자에게 어떤 식으로 일을 의뢰하면 좋을까?

우선 1인 기업에서는 경영자의 노동시간을 가급적 줄여야 한다고 앞서 말했다. 경영자가 아닌 사람이 할 수 있는 일은 가급적 회사 밖의 전문 인력이나 기계 등에 맡기는 것이 중요하다. 먼저 기계로 할 수 있는 일은 기계에 맡긴다. 자동으로 처리할 수 있는 대량의 자료는 컴퓨터나 기계를 활용해서 처리한다. 예를 들어 엑셀로 매일 같은 방식의 작업을 해야 하는 경우에는 이 작업을 매크로로 만들어 버튼만 누르면 자동으로 해결할 수 있다.

상황에 맞는 프로그램을 만들거나 설정하기가 귀찮아서 일이 닥치면 그때그때 하는 편이 낫다고 생각하기 쉽지만 그렇지 않다. 단순한 작업은 인간이 기계를 이길 수 없다. 처음에 시간을 투자해 설정을 해놓고 이후에는 자동화기기를 이용해 일을 해치워야 한다. 그렇게 해도 남는 업무는 다른 사람에게 부탁하자.

1인 기업에서는 가능한 한 고정비를 늘리지 않는 것이 중요하므로, 정직원을 고용해서 꾸려나가는 방식은 추천하지 않는다. 일자리를 늘린다는 점에서는 훌륭한 일이지만, 고정비용이 계속 나가기 때문에 이익을 내기가 어려워진다.

정리하면, 1인 기업에서는 인건비를 고정비가 아닌 변동

사원 제로, 혼자 시작하겠습니다

비로 취급해야 한다. 고정비란 매출이 없어도 매월 들어가는 비용을 말하며, 변동비란 매출에 비례하여 들어가는 비용을 말한다. 외주자나 아르바이트, 재택 근무를 하는 사람에게 일을 맡기면 인건비가 변동비로 바뀌게 된다.

외주자나 아르바이트생에게 어떤 식으로 일을 맡기는가는 매우 중요한 문제다. 그들은 회사가 어떻게 되든 상관할 필요 없고 자신들이 책임지고 맡은 일을 해내면 그걸로 충분하다. 부탁한 일을 마감일까지 문제없이 해낼 수 있도록 돕는 것이 중요하다. 또한 그들을 대등한 사업 파트너로 생각하고 일을 의뢰해야만 한다. 작업비도 깎으려고만 하지 말고 업계의 일반적인 수준으로 정해서 기한 내에 가급적 빠르게 제대로 지급해야 한다.

'인재 부족'이라며 한탄할 필요가 없다. 예를 들어 일본의 '크라우드웍스(기업 및 개인이 직접 사이트를 통해 외주 업무를 수주·발주할 수 있는 크라우드소싱 서비스)' 등을 이용해보면 일을 하고 싶어 하는 사람으로 넘친다. 작업비가 별로 비싸지 않음에도 결과물의 수준이 상당히 높다. 일을 의뢰할 때는 이러한 서비스를 이용하면 된다.

시대는 점점 변하고 있다. 구색을 제대로 갖춘 사무실을 구해서 직원을 고용해 정해진 시간에 일제히 일을 시작하던 시대는 이제 지났다. 일을 의뢰한 다음에는 마감에 맞춰 납품 해주기만을 기다리면 된다. 외부 스태프가 일하는 방식은 아무래도 좋다. 사고방식을 이렇게 바꾸면 시간과 노력, 돈이 소요되는 '관리'가 불필요해진다. 지금 당장 사고방식을 바꿔서 외주자에게 일을 의뢰해보자.

사원 제로, 혼자 시작하겠습니다

고용되지 않는 삶, 고용하지 않는 삶

고도성장기, 안정성장기 사회에서는 '고용과 취업'이 절대적으로 중요했다. 사람을 많이 고용해서 획일적인 일을 시키는 것은 사회의 성장과 발전으로 이어졌다. 취업을 준비하는 청년들도 좋은 회사에 들어가 안정된 삶을 보장받기를 바랐다.

거듭 강조한 바와 같이 이제는 '축소의 시대'다. 고도성장기와 같은 생각으로 살면 안 된다. 대량 생산, 대량 소비를 전제로 한 '노동력에 의한 성장'을 버리고, 궁극적으로 '고용되지 않는 삶, 고용하지 않는 삶'을 모색하고 실행해야 한다.

마르크스가 《자본론》에서 말한 바와 같이 세상에는 자본가와 노동자라는 두 종류의 인간이 있으며, 자본가가 노동자를 착취함으로써 자본주의 체제는 원활히 돌아간다. '착취'라는 말의 어감이 강해서 느낌이 별로 안 좋을 수 있다. 하지만 어차피 노동자는 열심히 일해서 급여를 받고, 이보다 많이 창출된 이윤은 자본가가 수취하는 시스템이 바로 자본주의다. 노동자의 급여를 상회하는 이윤(잉여가치)을 자본가가 얻을 수 없다면 이익을 못 내고 결국 회사는 망할 수밖에 없다. 그렇게 되면 노동자도 곤란한 상황에 빠진다. 불공평해 보일 수 있지만 불가피한 일이기도 하다.

그렇다 해도 정도를 지켜야 한다. 어떤 회사의 사장이 텔레비전이나 인터넷을 통해 '소유 자산 ○억 원' 운운하며 사치스럽게 생활하는 모습이 소개되곤 한다. 직원을 호화스러운 저택으로 초대하거나 선상 파티 등을 열기도 한다. 따지고 보면 자신이 호화 파티에 초대한 직원을 착취해서 부를 이룬 것이다. 혹은 선대로부터 물려받은 자산이 밑천이었는지도 모른다. 한마디로 금수저다.

　분명 사장 또한 많은 노력을 했을 테고 이를 두고 나쁘게 말할 생각은 없다. 다만, 그들 회사의 직원은 착취 구조를 전혀 깨닫지 못하고 있다. 기껏해야 이런 생활을 동경하거나 사장님처럼 되고 싶다고 생각할 뿐이다.

　마음이 비뚤어진 탓인지 나 같은 사람은 '잘도 저런 얼굴로 텔레비전에 나오는구나' 하고 능수능란하게 직원을 착취하는 사장에게 감탄할 뿐이다. 나는 직원 자신이 희생양임을 눈치채지 못하는 상황에서 굴러가는 회사를 좋아하지 않는다. 사람을 고용하지도 않고, 다른 사람에게 고용되지도 않고 일을 하려는 이유가 바로 여기에 있다.

　'축소의 시대'에는 착취도 어려워진다. 직원 개개인이 벌어들이는 금액이 줄어들므로 급여를 줄이지 않고 현상유지를 하려 들면 착취하는 금액도 줄어들 수밖에 없다. 그렇다면 처음부터 직원을 고용하지 않고, 설사 착취한다고 하더라도 투자자인 자신이 경영자인 자신을 착취하는 방식, 다시 말하면 1인 경영 체제를 만들면 된다.

앞으로는 '개인'의 시대다. 고도성장기처럼 다른 사람과 동일하게 생활하며 돈을 버는 시대는 완전히 막을 내렸다. 스스로 무엇을 해야 할지 생각하고, 배우고, 실행해야 한다. 그저 고용되어 착취당하고 급여를 받아 살아가기만 해서는 점점 더 살아가기 어려워질 것이다. 사람을 고용해서 착취하지 말며, 다른 사람에게 고용되어 착취당하지도 말아야 한다. 착취하고 싶다면 자신을 착취하라. 다시 말해 1인 경영을 하라. '고용되지 않는 삶, 고용하지 않는 삶'을 목표로 삼자.

적정 수준의 고객을 유지한다

1인 기업에서는 '매출을 늘리지 않아야 한다'고 앞서 말했다. 하지만 아예 매출이 발생하지 않으면 당연히 생활하기가 어려워진다. 매출 제로가 아닌 최소한의 매출을 올리겠다는 목표가 중요하다. 이를 위한 사업 선택과 1인 기업의 마케팅 방법을 생각해보자.

1인 기업과 같은 최소 규모의 회사가 매출을 늘리는 데 중요한 항목은 크게 두 가지다.

① 영업하지 않고 팔려고 애쓰지 않아도 자연스레 고객이 찾아오는 효율 좋은 사업을 선택한다.

② 고객이 분명하고 니즈가 있는 사업을 효율성 있게 펼쳐나간다.

가장 중요한 것은 우선 '적합한 사업의 선택'이다. 사업의 선택이 성공과 실패를 가름한다고 해도 과언이 아니다. 중요한 점은 팔려고 애쓰지 않아도 알아서 팔리는 업종을 선택하는 것이다. 이는 곧 장소의 문제이기도 하다. 외식업을 예로 들면 우선 인구가 많은 지역, 그중에서도 사람이 많이 다니는 곳에 가게를 차려야 한다. 외식업은 '입지'가 전부라는 말도 있다. 입지가 나쁘면 아무리 맛있는 음식을 내놓더라도 고객이 찾아오지 않는다.

1인 기업의 경우, 하루에 방문하는 손님이 열 명 정도만 돼도 채산을 맞출 수 있는 경우도 있기에 입지가 나빠도 장사를 할 수 있다. 그래도 어느 정도는 고객이 자연스레 찾아올 수 있도록 장소에 신경을 써야 한다.

입지와 관계없이 인터넷을 통해 장사를 할 수 있다면 그 것도 좋다. 다만 인터넷은 무료인 데다 누구나 이용할 수 있으므로 오프라인 장사와 동일하게 생각해서는 안 된다. 그저 사이트를 만든다고 되는 일이 아니다. 사람들의 눈길을 모으고 끌어들일 수 있도록 연구를 거듭해야 한다. 이에 대해서는 둘째 항목과 연결되어 있으므로 후에 설명하겠다.

'팔려고 애쓰지 않아도 자연스레 고객이 찾아오게' 하려면 사업가 자신이 유명해지는 방법을 사용해도 좋다. 블로그나 트위터, 페이스북, 인스타그램 등의 SNS에서 유명해지면 수십만 명이나 되는 사람이 알아서 사이트를 보러 온다. 그렇게 되면 뭐든 팔 수 있게 될 것이다. 혼자 사업을 한다면, 이런 방식을 택하는 것도 좋다.

한편, 매출이 많아도 '이윤'이 너무 적으면 사업이 사실상 의미가 없게 되므로 신중하게 선택해야 한다. 매출이 10억 원이라 하더라도 이윤이 5,000만 원밖에 안 되면 자기가 쓸 생활비도 감당 못 하는 사태에 빠질 수 있다.

매입이 불필요하고 원가도 안 드는 업종을 고른다고 해

도 자신이 매일 잠도 안 자고 일한다면 아무런 의미가 없다. 사장의 노동시간도 원가에 포함된다고 생각하고 노동을 가급적 줄이고 총이윤을 높여야 한다.

이들 사항을 종합하면, 열심히 영업해서 매출을 많이 늘리는 것보다 '총이익이 많고 일의 효율이 높은 사업'을 잘 생각해서 선택하는 것이 중요하다고 정리할 수 있다.

더불어 중요한 것은 '마케팅'이다. 즉 사업을 어떻게 펼쳐나갈 것인가에 관한 문제다.

일반적으로 사업을 할 때는 마케팅이 가장 중요한 요소라 할 수 있다. 마케팅을 통해 고객을 모으고 이들을 대상으로 영업하는 것이 올바른 순서일 수 있다. 다만 1인 기업에서는 마케팅에 너무 기대면 위험에 빠질 수 있다.

마케팅을 능숙하게 구사하여 잠재 고객을 많이 모은 다음 이들을 상대로 영업을 하는 것은 대량 생산, 대량 매출 체제에 적합한 방식이다. 반면 1인 기업에서는 달성하고 싶은 매출을 계산한 후 적정수의 고객이 알아서 찾아오도록 하는 방식이 더 좋다. 불필요하게 매출을 너무 늘리면 이에 비례해서 경비도 많아지므로 매출이 줄어들었을 때 이익이 나지 않을 수 있다.

이렇게 생각해보면 1인 기업에서는 '작은 미디어를 만들어두는 것'이 중요하다는 결론이 나온다. 예를 들어, 블로그나 SNS를 사용하여 자신의 활동이나 사업을 알기 쉽게 소개하고, 잠재 고객의 마음속에 '나'라는 존재를 인식시켜야 한다. 매일 업데이트를 하면 정기적으로 미디어를 읽는 사람도 늘어날 테고, 필요할 때 적절하게 홍보하는 방식을 통해 매출을 올릴 가능성이 커진다. 당장 매출을 늘리려고 애쓰지 말고 천천히 자신의 미디어를 만들어나가자.

그런데 필요한 매출을 올리기 위해서 반드시 특정인에게만 물건을 판매해야 할까? 그렇지는 않다. 불특정 다수에게 판매하는 사업도 많다. 예를 들어 전자출판, 주식 트레이드, 성과 보수형 광고 사이트 운영은 특정 고객을 대상으로 하지 않아도 되는 사업이다.

이외에도 많은 종류의 사업이 있기 때문에 자신의 취향에 맞는 일 가운데 가능성이 있는 아이템이 있는지 생각해보

069

2장 · 회사를 크게 키우지 않는다

기 바란다. 꼭 많은 사람에게 억척스럽게 팔아대야만 하는 것은 아니다. 1인 기업의 경우에는 한 가지 일에 매이지 않고 유연하게 움직일 수 있으니 폭넓게 생각해보자.

사원 제로, 혼자 시작하겠습니다

혼자서도 잘할 수 있는 일은 많다

1인 기업을 차려 혼자서 할 수 있는 사업에는 무엇이 있을까? 또 혼자서 하는 쪽이 더 유리한 사업은 무엇일까? 답을 먼저 말하자면 다수가 함께 일해야만 효율이 오르는 극히 일부의 사업을 제외하면 전부 혼자서 할 수 있는 사업이라고 단언할 수 있다.

외식이나 서비스 업종은 물론이고 건설, 제조, 소매, 도매(상사), 광고 대행, 관혼상제, 운송, 부동산 등 수도 없이 많은데 어떤 일이든 혼자서 할 수 있다. 지금 예로 든 일들을 실제로 나의 고객이나 지인이 열심히 하고 있다. 심지어 큰 수익을 올리고 있는 회사가 많다.

규모가 큰 회사는 결국 사업을 키워서 일의 양을 늘리고 이를 많은 직원이 나눠서 한다는 점이 다를 뿐이다. 따라서 규모를 키우지 않고 일의 양을 늘리지 않으면 혼자서도 무엇이든 할 수 있다.

또 같은 1인 기업이라고 해도 사업이나 회사 특성에 따라서 전혀 다른 방식으로 경영할 수 있다. 예를 들어 운송업을 생각해보자. 내 고객인 A 사는 대기업의 의뢰를 받아 외주업체(작은 운송)에게 맡기는 일만 한다. 실제로 직접 운송을 하는 것이 아니라 연결하는 역할을 할 뿐이다. '대기업에서 나오는 매출액'과 '외주업체로 들어가는 매입액'의 차액이 이 회사의 이익으로 남는다.

한편 같은 운송업을 하는 B 사는 직원을 스무 명 정도 고용하여 다양한 회사의 의뢰를 받아 직원과 외주업체를 통해 일을 처리함으로써 이익을 얻는다. 하는 일은 거의 비슷하지

사원 제로, 혼자 시작하겠습니다

만 한쪽은 1인이 운영하고, 다른 한쪽은 많은 직원을 고용하고 있다. 둘 다 꽤 큰 수익을 내고 있지만 A 사 쪽이 투입하는 노동력에 비해 많은 이익을 얻고 있다.

내가 하는 세무업 또한 기존에는 '직원을 많이 고용하여 많은 고객을 상대로 매출을 올리는 것'이 목표였다. 하지만 지금은 혼자서 계속할지, 혹은 규모를 확대할지 둘 중 하나를 선택할 수 있다.

기존에는 여러 사람의 노력이 필요하다고 여겨졌던 업무도 IT 기술이 발달하여 일처리가 간편해진 덕에 혼자서도 할 수 있게 되었다. 이러한 경향은 점점 더 가속화할 것이다. 결국 인공지능, 로봇을 이용하는 시대가 되면 어떤 사업이든 혼자서 할 수 있게 될 것이다.

어떤 업종이든 한 사람의 아이디어에서 시작되며, 처음에는 혼자서 운영하게 마련이다. 사람을 고용하여 사업을 확대하지 않아도 혼자서 무엇이든 할 수 있다는 점을 염두에 두고 사업을 펼쳐보자.

크든 작든 할 수 있는 사업이 있는 반면, 작은 회사일수록 돈을 버는 사업, 혼자서 일하는 편이 오히려 효율이 좋은 사업, 한 명을 넘어가면 할 수 없는 사업도 있다.

예를 들어 소설가나 작가는 자신의 머릿속으로 생각한 것을 저술하여 돈을 버는 사업가이며, 누군가와 상담을 한다고 해서 작품이 갑자기 튀어나오지 않는다. 베테랑 만화가는 조수에게 그림을 그리게 하는 경우도 많지만, 소설가나 작가에게는 조수가 필요하지 않다. 주식 트레이더의 경우에도 혼자서 해야 하는 일이다. 많은 사람이 관여하게 되면 판단이 늦어져 제대로 대처할 수 없다.

앞으로는 이처럼 '혼자가 아니면 할 수 없는 사업과 일'이 점차 늘어날 것이다. 이제 어떤 사업을 시작하려는 사람은, '혼자서 할 수 있을지', '혼자서 하는 것이 큰 장점으로 작용할지 어떨지'를 생각해야 한다.

사원 제로, 혼자 시작하겠습니다

1인 기업 사례
① 음식점
② 컨설턴트
③ 출판사

지금부터는 1인 비즈니스의 구체적인 예를 들어보겠다.

음식점(카페 포함)

우선 음식점에 대해 생각해보자. 음식점은 제대로 운영하기가 매우 어려운 업종이다. 고객 중에 음식점을 경영하는 사람이 몇 명 있는데, 무척이나 힘들다고 입을 모은다.

음식점의 포인트는 '재료 구입과 직원 관리'이다. 재료 구입과 직원 관리에 너무 많은 돈을 쓰면 이익이 생기지 않는다. 그렇다고 해서 좋은 식자재를 사용하지 않고 질이 떨어지는 음식을 제공하면 고객이 떨어져 나간다. 이 균형을 맞추는 것이 무엇보다 중요하다. 이익이 나는 원가율(식자재비 비율)은 30퍼센트 이하라고 한다. 이 범위 내에서 최대한 좋은 음식을 제공하는 것이 중요하다.

고객 중에 꼬치구이 가게를 하는 사람이 있다. 다른 꼬치구이 가게보다 신선한 닭고기를 구해서 요리하는데, 이 회사의 원가율은 25퍼센트 정도다. 무엇보다 꼬치구이의 맛이 정말 좋기에 매출도 많이 올리며 큰 이익을 내고 있다.

음식점의 기본은 역시 '맛'이다. 맛있는 것은 몇 번이든 먹고 싶기 때문에 손님들의 재방문율을 높이는 데 맛은 매우 중요한 요소다. 또한 음식점은 '입지'가 전부라는 말도 있다. 면밀히 조사해 좋은 입지를 고른 후, 임대료가 저렴하고 인테리어 비용도 부담스럽지 않다면 가장 좋다.

음식점은 좋은 직원을 확보하는 일도 중요하다. 고객과 나누는 자잘한 대화나 고객 서비스 등에 따라 가게에 대한 인상이 크게 달라지므로 싹싹하고 부지런한 직원을 확보해야 한다.

좋은 직원을 구하려면 적지 않은 급여를 지급해야 하니 경비가 많이 필요하다. 직원이 자주 그만두면 구인비가 늘어나고 경영에도 지장을 초래하므로 오래 근무할 수 있는 환경을 만들어야 한다. 사실 직원은 너무 많아도, 너무 적어도 안 된다. 이렇게 유지하기가 상당히 어렵기 때문에 안정된 수익을 올리기 어렵다고 해도 과언이 아니다.

상황이 이렇다면 마음을 굳게 먹고 음식점도 혼자 해보는 것은 어떨까. 자기 혼자서 경영하는 음식점이라면 좋은 직원을 구할 필요가 없고, 사람과 사람 사이의 갈등도 발생하지 않는다. 인건비도 사장의 몫만 필요하다. 일손이 필요할 때 가족들이 도울 수 있다면 지불해야 하는 급여도 줄어든다.

지인 중에 '1인 음식점'을 경영하는 사람이 여럿 있다. 한 사람은 일식집을, 다른 한 사람은 카페를 한다. 특히 카페의 경우는 혼자서도 어렵지 않게 경영할 수 있다.

'1인 카페'를 제대로 경영하는 데는 두 가지 비법이 있다. 첫째, 고정 손님을 확보하는 것이다. 특히 비교적 높은 연령층이 사는 대형 아파트가 근처에 여럿 있다면 가장 좋다. 둘째, 커피를 제외한, 특히 조리를 요하는 메뉴는 가급적 제공하지 않는 편이 좋다. 조리는 체력이 필요한 일이며, 재료 구입에도 어려운 점이 있다. 또 주방 등의 설비를 갖추는 것도 부담이 된다. 오랫동안 계속하기 위해 체력을 유지하고 원가율을 낮추려면 커피만 취급하는 것이 좋다. 커피 원두 자체는 크게 비싸지 않으므로 원가율을 낮출 수 있다.

지인이 경영하는 카페는 세 가지 정도의 음식을 제공하지만, 조리는 거의 하지 않고 옆에 있는 가게에서 조달하여 내놓는다. 커피는 엄선한 원두를 사용하고 커피 내리는 법도 연구를 거듭해서 무척 맛이 좋다. 가게도 크지 않고 영업시간도 12시에서 18시까지로 짧다. 그래도 단골 고객이 많아서 이익을 충분히 내고 있고, 가족들도 경제적으로 부족하지 않은 생활을 하고 있다.

처음부터 그저 부족하지 않은 생활을 영위할 수 있는 매출만을 염두에 두고 작은 가게를 꾸려나간다면 혼자서도 충분히 경영할 수 있다.

컨설턴트

컨설턴트도 혼자서 이익을 낼 수 있는 일이다. 나는 '세무사무소'를 경영하고 있지만, 스스로는 경영 컨설턴트와 유사한 직업이라고 생각한다. 고객은 여러 회사의 임직원이며, 다양한 조언을 통해 매출을 올리고 있다.

컨설턴트나 어드바이저는 단언컨대 누구나 될 수 있다. 전에는 컨설턴트라고 하면 오직 '경영 컨설턴트'만을 떠올리기도 했지만, 최근에는 '무엇이든 컨설팅이 가능'하게 되었다. 이에 따라 '컨설턴트', '어드바이저' 등의 직함으로 활동하는 사람이 매우 많다. 그럴싸한 이름만 달면 이쪽 계열의 직업이 된다. 가볍게 보일 수도 있지만, 실제로 다른 사람에게 도움을 주며 활동할 수 있으니 매우 좋은 일이다.

컨설턴트는 경영상 장점이 매우 많은 직업이다. 무엇보다 첫째로는 '원가가 들지 않는다'. 보통 무언가 매출을 올릴 때는 원가가 발생한다. 음식점의 경우에는 재료 구입비며 인건비 등을 원가라고 할 수 있다. 하지만 컨설턴트는 원가가 필요 없다(굳이 말하자면 지식을 얻기 위한 책 구입이나 세미나 참가비 등을 원가로 봐야 할지 모르겠다). 매출이 거의 그대로 '이익'이 되므로 원가 절감 등을 생각하며 매출을 늘릴 필요가 없어서 마음이 편하다.

또한 컨설턴트는 경비도 많이 들지 않는다. 사무 작업을 해줄 인력을 고용하면 인건비가 들겠지만 단출하게 운영하면 직원조차 필요하지 않은 경우가 많다. 직원이 없으면 사무실도 필요 없고 자택에서 일하면 된다. 물론 '자택에서 일하는 컨설턴트는 신뢰가 가지 않는다'고 생각하는 사람도 있지만, 반대로 전혀 신경 쓰지 않는 고객도 많다. 미팅 장소가 필요하다면 저렴한 사무 공간을 빌려도 좋다.

따라서 컨설턴트는 1인 기업에 제격인 업종이라고 할 수

사원 제로, 혼자 시작하겠습니다

있다. 애초에 조직보다 개인의 능력을 발휘하는 일이다. 혼자 회사를 운영하고 자신의 이름으로 먹고사는 일이니 규모가 작아도 문제없다. 나도 고객에게 조언을 하고, 경영 개선을 위해 어떻게 하면 좋을지 함께 고민하기도 한다.

컨설턴트의 부업으로는 세미나를 열거나 책을 쓰는 일 등을 꼽을 수 있다. 지식 장사를 하는 일이므로, 지식이나 지혜 등을 글에 녹여내 출판하기 쉽다. 글쓰기는 당연히 혼자서도 충분히 할 수 있으며 필요한 자산도 거의 없다. 컴퓨터만 있으면 충분하다. 그뿐 아니라 책이 잘 팔리면 많은 인세 수입이 들어오기도 한다.

나도 아직 많이 부족하지만 일본에서 내 책은 15만 부 (2017년 7월 기준) 팔렸고, 어느 정도 인세 수입을 얻었다. 책을 내기 위해 필요한 것은 집필 시간 정도였다. 물론 책이 잘 팔려야 의미 있는 수입을 얻을 수 있지만, 잘만 되면 꽤 좋은 일거리라고 할 수 있다.

내가 하는 일의 특성상 컨설턴트를 많이 알고 있는데, 본업인 컨설팅으로 돈을 벌 뿐만 아니라 세미나나 각종 강연회를 열어 돈을 벌어들인다. 알고 보면 유연성을 발휘하기 좋은 일이다. 컨설턴트는 컴퓨터 한 대로 언제든 시작할 수 있는 사업으로 1인 기업에 가장 적합한 직업이라고 할 것이다.

출판사

앞선 컨설턴트에 관한 대목에서도 조금 다뤘지만, '1인 출판사'는 장래 점차 늘어날 1인 경영의 또 다른 사례다.

'출판사'라는 말을 들으면 도심에 빌딩이 있고 많은 사람이 일하는 규모가 큰 회사를 떠올릴지도 모르겠다. 하지만 실제로는 다양한 출판사가 있으며 많지 않은 인원이 단출하게 꾸려나가는 출판사도 많다.

IT 기술이나 인공지능, 로봇 등이 점차 발달함에 따라 지금까지는 많은 사람의 손을 거쳐야 했던 일도 혼자서 할 수 있게 될 것이다. 이런 흐름을 타고 '출판'이라는 큰일도 혼자서 할 수 있을 것으로 본다.

사원 제로, 혼자 시작하겠습니다

1인 출판사는 지금까지 세분화되어 있던 일을 거의 혼자서 전부 해내는 회사다. 출판은 우선 지은이가 원고를 쓰고 출판사의 담당자가 편집(문장을 고치거나 순서를 바꾸거나 문체를 정리하는 중요한 일)을 하여 인쇄소에 넘기고 제본을 마침으로써 완성된 책을 영업자가 서점에 배부하여 판매하는 방식으로 진행된다. 한마디로 여러 과정을 거치는 일이다. 기자가 인터뷰 등을 통해 '주인공'의 이야기를 정리해서 원고를 쓰고 출판하는 경우도 있다.

　　이처럼 세분화된 일을 IT 기술의 도움으로 어느 정도까지는 혼자서 할 수 있게 되었다. 컴퓨터로 원고를 작성하고 인터넷에 올려 팔 수도 있다. 예를 들어 킨들 다이렉트 퍼블리싱(Kindle Direct Publishing, KDP)이라는 서비스가 있는데, 자신이 쓴 원고를 아마존에서 판매할 수 있다. 나도 책을 몇 권 써서 이 서비스를 이용해 판매한 바 있다.

　　실제로 1인 출판사를 운영하는 사람과 이야기한 적이 있는데 '좋아하는 내용, 좋아하는 문장을 책으로 만들어 많은 사람에게 전하고 있다'며 자신의 충실한 삶에 만족하고 있었다.

1인 출판사뿐만 아니라, 기존의 낡은 상식으로는 많은 사람의 손이 필요하다고 생각해온 일도 경제 규모가 계속 줄어듦에 따라 혼자서 해내는 사례가 늘 것이다. 예를 들어 '1인 자동차 제작 판매소'가 생길 수 있고, '1인 은행', '1인 부동산' 같은 사례도 늘어날 것이다. 고정관념을 깨고 혼자서 사업을 꾸려나가면 행복한 삶으로 이어질 것이다.

1인 비즈니스의 경우, 제작이나 판매할 수 있는 수량에 한계가 있기에 크게 돈을 벌 수 없다는 인식이 남아 있다. 하지만 '크게 돈을 벌 수 없다'는 게 오히려 좋은 점이다. 경제 규모가 줄어들면 기술도 진보하여 사회가 이전보다 더욱 빨리 변화할 것이다. 이런 시대에는 신경 쓸 것이 많지 않은 가벼운 상태, 언제든 변화 가능한 상태가 중요하며, 돈보다는 상대적으로 '시간'이나 '체험', '행복감' 등이 중요하게 여겨질 것이다. 그렇게 되면 사람들에게 '즐길 수 있는 시간'을 줄 수 있는 산업이 필요해진다.

1인 출판사와 같은 일은 그야말로 시간을 소중히 여기고 삶을 즐기고 싶어하는 사람들의 수요를 충족할 수 있는 일이

다. 각자 자신의 성향과 조건에 맞는 1인 기업을 찾아보기 바
란다.

One-Person Business

3장

1인
비즈니스
자금
관리법

규모가 커지면
자금 융통이
고민이다

'사장의 가장 큰 업무는 자금 융통이다'라는 말이 있다. 회사에서는 현금이 다 떨어지면 폐업을 각오해야 한다. 당연히 자금 융통은 빼놓을 수 없는 과제다. 하지만 자금 융통은 그다지 건설적이지 않고 현재와 미래를 잇는 다리가 돼주지도 않는 일이다. 따라서 가능한 한 자금 융통에 매달리지 않는 것이 좋다.

회사의 규모가 커지면 매출이나 재료 구입비, 외주비나

사원 제로, 혼자 시작하겠습니다

경비 등이 늘어난다. 또 사람이 늘어나면 더 많은 급료를 지급해야 한다. 그래서 돈을 빌린다. 돈을 빌리면 반드시 약속한 기한까지는 갚아야만 한다.

이처럼 회사가 커지면 자금 융통에 골머리를 썩이게 된다. 특히 급여 지급이나 차입금 변제를 늦추어서는 안 된다. 급여 지급이 늦어지면 회사에 대한 신용도가 낮아지고 직원들은 불안을 느끼게 된다. 차입금 변제는 단 한 번이라도 늦어지면 블랙리스트에 올라서 장기 대출이 불가능해지거나 아예 돈을 못 빌리게 될 수도 있다.

생각해보면 자금 융통에 동분서주하는 것 자체가 경영을 제대로 못 한다는 증거다. 충분한 매출을 올리지도 못하면서 직원을 늘리고 좋은 설비를 구입하고 경비를 많이 쓰고 마구 차입을 한다. 그러면 당연히 자금 융통에 골머리를 썩이게 된다. 하지만 처음부터 무리하지 않으면 자금 융통을 고민할 필요도 없다.

직원을 고용하고 자금을 빌릴 때는 매월 발생하는 매출에서 재료비, 경비 등을 제외한 이익이 급여 총액이나 차입금 변제액을 상회하도록 설계해야 한다. 매출이나 이익이 얼마냐가 중요한 게 아니라, 회사에 남는 돈이 얼마나 되는지를 확인해서 계획을 세우고 실행해야 한다. 물론 갑작스러운 사고나 천재지변 등으로 계획을 실행하지 못할 때도 있겠지만, 그럴 때조차도 자금 융통에 고민하는 일이 없도록 만전을 기해야만 한다.

자금 융통에 대한 고민을 없애기 위해서는 역시 '최대한 단순한 상태를 유지하는 것'이 가장 중요하다. 사람을 고용하거나, 설비에 돈을 쓰거나, 불필요한 경비를 사용하거나, 자금을 빌리는 일 등을 하지 않으면 고민할 필요도 없다. 무리해서 회사를 키우려다(큰 사업을 벌이는 것처럼 보이고 싶어 하다) 보니 자금 융통으로 전전긍긍하게 되는 것이다.

처음부터 혼자서 경영한다면 자금 융통을 고민할 필요가 없다. 매출을 크게 늘릴 수 없을지는 몰라도, 매출에 맞춰 설비를 바꾸거나 지출을 변경하는 조치로 충분하다. 매출이 늘어도 사치를 하지 않고 소박하게 운영하면 된다.

차입도 필요 없다. 상황에 따라 반드시 차입해야 되는 경

사원 제로, 혼자 시작하겠습니다

우라면 '당좌차월' 금액을 설정해서, 예를 들어 5,000만 원까지는 변제 기한의 제한 없이 빌릴 수 있게 해두면 된다. 매년 계약 갱신을 해야 하지만 기본적으로는 돈을 당장 변제할 필요가 없으므로 필요할 때 빌려서 필요하지 않을 때 갚으면 충분하다. '당좌차월'은 의사, 변호사같이 신용이 높고 안정된 전문직이 이용할 수 있지만, 매년 안정된 이익을 내고 지금까지 쌓아온 이익이 큰 회사도 거래를 틀 수 있다.

결국 안정된 일을 하면서 매년 이익을 쌓아가는 것이 해답이다. 자금 융통을 생각하지 않는 경영을 목표로 하는 것이 이치에 맞다. 매월 자금 융통 때문에 골머리를 썩이고 있다면 상황이 왜 이렇게 되었는지 진지하게 고민해야만 한다. 나아가 문제의 원인을 제거하고 매월 이익을 낼 수 있도록 경영 구조를 바꿔야 한다.

경영을 복잡하게 만들지 않고 단순한 형태로 유지하는 것이 중요하다. 이런 경우라면 자금 융통에 고민할 필요도 없어진다.

1인 기업에서 매달 얼마를 벌면 될까?

이 항목은 1인 경영의 핵심이라고 해도 과언이 아닐 정도로 중요하다. 올바른 경영 계획을 세우고 싶다면 이를 정확히 이해해야 한다.

경영에 관한 수치를 생각할 때 매우 중요한 것은 '가계와 하나로 연관지어 생각한다'는 것이다. 이는 곧 '가계비에서 역산하여 필요한 매출을 정한다'라는 말로 바꿀 수 있다.

일반적으로 경영에서는 '어느 정도의 매출을 올릴 것인

가'에 초점을 맞추는 경우가 많다. 물론 '총이익'을 중시하는 경영자도 있지만, 아직까지 '연 매출 ○억의 회사를 경영한다'라거나 '직원 100인이 일하고 있다'는 식으로 매출이 높고 많은 직원을 고용하는 것을 높게 치는 경우가 많다. 어떤 의미에서는 맞는 말이지만 또 다른 의미에서는 잘못된 말이다. 특히 이 책을 읽고 있는 사람이라면 '작은 회사를 경영하자'라고 마음먹고 있을 가능성이 크므로, 매출액이 많고 다수의 직원을 고용하는 사업을 추구하는 것은 옳지 않다.

작은 회사를 운영할 때는 '가계비에서 역산하여 필요한 매출을 구한다', '필요한 매출은 가급적 적게 잡는다' 같은 방침을 세우는 것이 중요하다. 이에 대해 구체적으로 알아보자.

1인 기업에서는 회사에 투자하고 운영하는 경영을 책임질 뿐만 아니라 자기 인생을 행복하게 만들어야 한다. 규모 확대만을 좇다가 정신이 피폐해지거나 스트레스가 쌓여서는 안 된다.

인생은 행복한 날들을 얼마나 많이, 어떻게 누리느냐가 중요하며, 이를 위해서는 일에서 오는 스트레스나 고민을 없애야만 한다. 따라서 우선 몇 살까지 살지 생각해보고, 몇 살까지 일할지를 정해야 한다. 이것이 정말로 중요하다.

다음으로는 일을 그만두고 나서(더 이상 돈벌이를 하지 않게 되었을 때) 죽을 때까지 돈이 얼마나 필요한지를 계산한다. 인플레이션이 일어날 가능성도 있지만, 일단 돈의 가치는 지금처럼 유지된다고 가정하자.

일본 총무성의 통계조사(2017년 3월)에 의하면 부부 2인의 생활비로 대략 월 25만 엔, 연 300만 엔이 필요하다. (미래에셋은퇴연구소에 따르면 한국의 60대 이후의 부부에게 필요한 적정 은퇴 생활비는 월 260만 원 정도로 나타났다. 연간 약 3,000만 원 정도가 필요한 셈이다.)

예를 들어 자신은 95세까지 산다고 가정하고 작은 회사 경영을 70세까지 한다고 치자. 그렇게 되면 은퇴하는 71세부터 95세까지 25년간 매년 3,000만 원이 필요하다(3,000만 원×25년=7억 5,000만 원).

7억 5,000만 원에서 받을 수 있는 연금을 뺀다. 연금 제도는 결국 붕괴하리라 보지만 아예 단 한 푼도 받지 못할 가

사원 제로, 혼자 시작하겠습니다

능성은 낮다. 40대 후반인 필자는 75세부터 연금을 받는데, 매년 연금공단에서 보내는 '연금 수령 예상 금액'의 60퍼센트 정도는 받을 수 있지 않을까 예측하고 있다.

예를 들어 75세부터 95세까지의 21년간, 부부 2인이 연간 1,500만 원의 연금을 받을 수 있다고 하면, 1500만 원×21년=3억 1,500만 원이다. 앞서 말한 7억 5,000만 원에서 이 금액을 빼면 75세까지 저축해야 할 금액은 4억 3,500만 원이 된다. 요컨대 필자가 47세부터 75세까지 29년간 이 금액을 저축하고자 한다면 연간 약 1,550만 원, 월 약 130만 원을 저축해야 한다는 계산이 나온다.

이는 결코 적은 액수가 아니지만 실제로는 저축하는 과정에서 금리가 붙어서 전체 금액이 늘어날 수 있고, 은퇴한 후에는 조금씩 자산의 가치 또한 감소하겠지만, 감소하지 않는 자산 역시 금리가 붙어서 총자산이 늘어난다는 점을 감안할 때 현실적으로 필요한 저축액은 조금 줄어들 것이다.

엑셀 같은 프로그램을 사용하여 복리를 계산함으로써 매월 필요한 저축액을 정하면 된다. 참고로 나는 매월 적립을 기준으로 최저 3퍼센트 정도는(복리로) 금리를 붙여가며 저축할 수 있을 것으로 보고 있다. 이렇게 되면 실제 필요한 저축액은 단순히 저축해야 할 금액을 연수로 나눈 금액보다 훨씬 줄어들게 된다.

계산 결과, 예를 들어 매월 저축해야 할 금액이 약 80만 원, 매년 1,000만 원을 저축하면 충분하다는 결과가 나왔다고 치자. 이 수치를 바탕으로 필요한 매출을 계산할 수 있다.

1인 기업가의 급여는 얼마가 적정할까?

앞서 말한 바와 같이 연간 저축해야 할 금액을 1,000만 원으로 확정했다 치고 이 숫자를 역산하여 필요한 매출까지 구해보자. 1단계로 저축해야 할 금액을 산출했으면, 다음 2단계에서는 '임직원 급여(자신의 급여)'를 구한다. 가장 큰 원칙으로, 세전 기준 자신이 받은 급여를 '세금·생활비·미래에 대한 투자'로 균등하게 3분할한다는 점을 기억해두자. 이 비율을 바탕으로 계산한다.

필요한 총이익을 역산한다

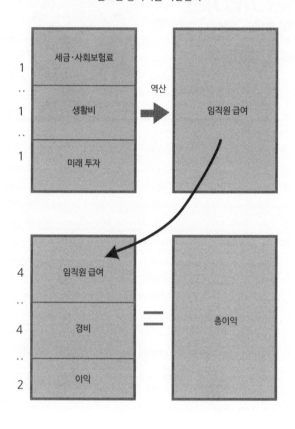

예를 들어 연 수입 6,000만 원이라면 세금이나 사회보험료로 2,000만 원, 생활비로 2,000만 원을 사용하고 미래에 대한 투자금으로 2,000만 원을 남겨야 한다. 이 원칙을 지킨다면 미래를 완벽하게 준비할 수 있다.

다만 아이가 있을 경우, 더 많은 생활비가 필요할 수 있다. 이때는 주택 대출비를 비롯한 주거비와 교육비는 미래 투자, 즉 미래 생활에 대비하여 지불하고 있는 금액으로 취급해도 좋다.

그렇다고 하더라도 최소 수백만 원은 순수하게 미래에 대한 투자(저축)로 남겨두어야 한다. 생활비와 대출금, 교육비를 모두 합쳐서 3,500만 원, 미래 대비 저축액이 500만 원 정도라면 그럭저럭 용인할 수 있는 범위에 해당할 것이다.

수입이 적은 경우에는 세금이나 사회보험료가 수입의 3분의 1보다 작아질 것이다. 이럴 때는 작아진 나머지 분을 투자 또는 생활비로 충당하면 된다.

1인 경영에서 중요한 것은 임직원 급여를 '역산'해서 구하는 것이다. 우선 모든 생활비를 재검토해서 불필요한 지출을 줄이자. 그후에 주택 대출비나 아이 교육비 등도 감안하여 생활비와 미래에 대한 투자 금액을 산출한다.

예를 들어 가족 전원의 생활비(식비, 일용품 구입비, 의류비, 교제비, 통신비, 공공요금, 용돈 등)로 연간 3,200만 원이 들어간다고 치자. 또 주택 대출금 상환에 연간 1,000만 원, 교육비로 연간 800만 원이 들어간다고 가정해보자. 이 경우 대출금 상환과 교육비 지출을 미래에 대한 투자라고 보고, 저축액으로 1,400만 원을 설정하면 정확히 생활비와 미래 투자금이 3,200만 원씩이 된다. 이에 따라 세금과 사회보험료도 3,200만 원이 되며(3분의 1씩이니까), 필요한 임직원 급여액은 총 9,600만 원(월 800만 원)이 된다.

이 목표가 달성하기 어렵다면 생활비를 더 줄일 방법이 없는지 생각해본다. 연간 400만 원을 줄여서 2,800만 원까지 줄이면 저축은 1,000만 원(2,800만 원-주택 대출금 상환액 1,000만 원-교육비 800만 원)이 되고, 세금도 2,800만 원이 된다. 따라서 필요 급여액은 8,400만 원(월 700만 원)으로 줄어든다. 이처럼 세밀하게 조정해나간다.

보통은 생활비만으로도 간당간당하게 마련이지만, 어떻게든 허리띠를 졸라매서 미래에 대한 투자금을 확보해야만 한다. 물론 '자식의 양육이 끝나기 전까지는 생활비를 많이 쓸 수밖에 없다'는 이유로 투자금액을 줄여야만 하는 경우도 있을 것이다. 다만 반복해서 말하지만, 미래를 위해서는 적어도 연간 수백만 원은 투자해야 한다.

이처럼 역산해서 임직원 급여액을 구했다면 남은 일은 간단하다. 1인 경영의 기초 수치를 머리에 넣어두고 실제로 적용하는 것이다. 1인 경영의 기초 수치에 대한 답을 미리 말하자면, '총이익을 임직원 급여 4 : 경비 4 : 이익 2로 분배한다'는 것이다.

예를 들어 총이익이 2억 원이라고 치면 임직원 급여로 8,000만 원을 받아도 되며, 경비도 8,000만 원까지 사용해도 문제없다. 그리고 이익을 4,000만 원 남긴다는 원리다. 이 기초 수치를 사용해 역산해나간다. 앞서 소개한 예에서 필요 임직원 급여액이 8,400만 원이므로, 2억 1,000만 원이 필요한 총이익이 된다.

총이익은 매출액에서 매출을 발생시키는 데 필요불가결한 비용(원가)을 제외한 것이다. 음식점의 경우에는 재료비가 원가가 되며, 외주업체에 일을 의뢰할 때는 외주비가 원가가 된다. 매출액에서 원가를 제외한 '총이익'을 우선 계산한 후, 이로부터 '원가율'(혹은 총이익률)을 이용해서 필요 매출액을 역산한다. 총이익으로 2억 1,000만 원이 필요한 상태에서 원가율이 30퍼센트(총이익률 70퍼센트)인 경우, 3억 원이 필요 매출액이 된다.

'1인 경영 수치의 법칙'과 '필요 임직원 급여의 역산법'을 사용하면 생활비와 미래에 대한 투자액 등을 통해 필요 매출액까지 알아볼 수 있다. 이러한 법칙을 통해 나온 수치는 생각보다 훨씬 달성하기 어려운데, 만약 이 목표 수치를 달성해낸다면 경영 또한 원활하게 해나가고 있다고 판단할 수 있다.

사원 제로, 혼자 시작하겠습니다

세금을
줄이려면
세율을
공부하라

앞에서 역산하여 경영 수치를 구하는 법에 관해 설명했다. 아주 중요한 내용이니까 반드시 제대로 이해하고 머리에 담아두자. 지금부터는 경영 수치의 법칙을 지키기 위해 유념해야 할 점을 설명코자 한다.

우선 세금을 보면, 결론부터 말해서 경영자 본인은 상세한 부분까지 꿰고 있지 않아도 별 문제는 없다. 사실은 어중간하게 지식을 쌓아봐야 별다른 도움이 되지 않는다. 대강 윤

곽만 파악하고 있으면 그걸로 충분하다.

대강이라도 알고 있어야 하는 내용 중 하나는 세율이다. 이 내용은 머릿속에 확실히 넣어두어야 한다. 그러지 않으면 아무리 일을 많이 해도 수입이 늘어나지 않는 상황에 빠질 수 있으니 주의하자. 세율의 경우, 법인과 개인 간에는 큰 차이가 있다.

일본의 경우 법인세율은 현재 충분히 낮아진 상태로, 이익이 800만 엔 이하일 경우 지방법인세를 포함해 15.66퍼센트다. 이익이 800만 엔을 넘으면 지방법인세를 포함하여 24.95퍼센트, 즉 약 25퍼센트다.

예를 들어 이익이 1,000만 엔이라면, 1,000만 엔에 0.25(25퍼센트)를 곱하는 것이 아니라 우선 800만 엔 이하에 약 0.15(15퍼센트)를 곱하고, 남은 200만 엔에 약 0.25(25퍼센트)를 곱하는 것이다. 따라서 무리하게 이익을 800만 엔으로 낮추어도 아무런 의미가 없으므로 주의할 필요가 있다.

법인의 이익에 대해서는 법인세와 지방법인세 외에도 지방세(사업세 및 주민세)가 부과된다. 이들을 더한 합계 세율은 800만 엔 이하의 금액에 대해 약 23퍼센트, 800만 엔을 넘는 금액에 대해 약 35퍼센트라고 기억하면 된다. 1,000만 엔의 이익이 발생했다면 모든 세금의 합이 대략 250만 엔 정도라고 생각하면 될 것이다.

개인에게 부과하는 세금은 소득이 많을수록 액수가 꽤 커진다. 세율이 정교하게 구분돼서 복잡하지만 소득세와 주민세를 합친 세액은 과세소득 300만 엔[액면급여 700만 엔(4인 가족 기준. 이하 동일)]의 경우, 소득세와 주민세로 대략 50만 엔이 부과된다. 과세소득 500만 엔(액면급여 900만 엔)이면 약 100만 엔, 과세소득 700만 엔(액면급여 1,100만 엔)이면 약 170만 엔 정도라고 기억하자.

이것과는 별도로 사회보험료로 액면 급여의 15퍼센트 정도를 내야 한다. 과세소득이 500만 엔(액면급여 900만 엔)일 경우, 75만 엔이다. 즉 과세소득이 500만 엔(액면급여 900만 엔)일 경우, 세금과 사회보험료를 합쳐 대략 175만 엔이 필요하다. 3분의 1이다. 내야 하는 세금의 액수를 이런 식으로 계산해두면 문제없다.

법인에 대한 세금(일본)

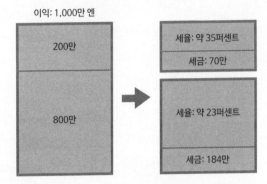

800만을 넘는다고 해서 전체 세율이 35퍼센트가 되는 것은 아니다.

개인에 대한 세금(일본)

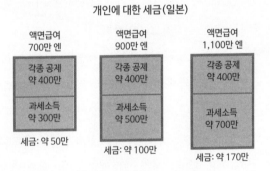

세율은 과세소득이 많을수록 높아진다.

사원 제로, 혼자 시작하겠습니다

예를 들어 법인에 최소한 매년 200만 엔 정도를 남기고 싶다면 약 260만 엔[200만÷(100퍼센트-23퍼센트)]의 세전 이익을 남기면 된다. 혹은 세금을 크게 잡아서, 이익을 1,000만 엔 낸다면 남는 금액은 650만 엔(세율 35퍼센트라고 가정)이구나 하고 생각해두면 된다.

이익을 내더라도 되도록 세금은 덜 내고 싶은 것이 사람의 자연스러운 본성이다. 이 때문에 세무사는 절세 방법을 찾게 되지만, 원칙적으로 영구히 세금을 줄일 수 있는 만능절세법은 없다.

절세법은 대개 세금이 줄지만 버는 돈도 주는 방식, 혹은 세금 지급을 미래로 미루는 방식이다. 어느 쪽이든 미래 언젠가는 플러스마이너스 제로가 되거나, 최악의 경우 마이너스가 되므로 주의해야 한다.

세금을 줄이고 싶으면 국가 정책에 따른 제도인 '특별세액감면'을 검토하자. 예를 들어 일정 설비를 구입했을 때나 시험 연구를 했을 때, 직원의 급여를 늘렸을 때 등에 적용되는 특별 공제 제도가 있다. 특별세액감면을 받으면 세금이 줄어들 뿐 매출이나 영업에 악영향을 끼치지 않으므로 매우 유익하다.

이익이 1억 원이 났을 때, 세금이 3,000만 원이라면 7,000만 원이 남는다. 이때 3,000만 원의 세금이 아까워서 5,000만 원으로 무언가를 구입해서 이익을 5,000만 원으로 줄인다고 치자. 그러면 세금은 1,250만 원 정도가 되므로 3,750만 원이 남는다.

하지만 본래는 7,000만 원이 남았어야 하므로 수입의 절반이 사라져버리는 결과를 낳는다. 만약 이런 식의 절세법을 이용한다고 칠 때 납득할 만한 예는 5,000만 원이라는 금액을 '효과적인 광고 선전에 사용'하는 경우 정도일 것이다. 그렇지 않다면 결국 가진 돈이 줄어들고 점차 어려운 상황에 빠지게 돼버린다.

이익을 계산할 때는 처음부터 세율을 머릿속에 넣어둔 채로 계획을 세워야만 한다. 즉 6,000만 원을 남기고 싶다면 (세금 40퍼센트라고 여유롭게 계산해서) 1억 원의 이익을 낸다는 식으로 계획을 세우는 것이다. 그런 다음에는 부가가치세

의 기본 원칙 정도만 파악해두면 된다. 이외에 세금에 대해
구체적으로 알아두어야 할 필요는 없다. 세부적인 것에 연연
하지 않는 편이 좋다.

경영에서 공과 사를 혼동하지 않는다

회사를 홀로 경영할 때 가장 문제가 되는 잘못은 바로 '공과 사를 혼동하는 것'이다. 대표적인 예로 회삿돈을 대표자인 사장이 사용하기, 돈을 빌린 후 갚지 않기, 반대로 회사에 돈을 넣고 회수하지 않기 등을 꼽을 수 있다. 덧붙여 이는 범죄에 가까운 일인데, 가족 여행이나 개인 식사 등을 회사 경비로 처리하는 경우도 있다.

혼자서 경영하는 것이기에 이를 확인할 제삼자가 없어

서 마음이 해이해지기 쉽다. 한 번 저지르게 되면 이 정도는 괜찮겠지, 하는 생각에 거듭하는 경우도 많다. 특히 많은 예가 회삿돈을 자기 멋대로 꺼내 쓰는 것이다. 이는 회계상 '소득처분'에 해당하며, 회사가 불필요하게 세금을 납부내야 하는 사태로도 이어진다('임직원 급여' 등으로 과세되면 세금이 이중으로 부과될 수 있다).

고객 중에 가족의 식사나 여행, 옷값을 회사의 경비로 처리하는 사장이 있었다. 몇 번 얘기해도 고치지 않더니 결국 회사가 제대로 돌아가지 않았다. 이처럼 평소 습관이나 사고방식을 바로잡기란 정말 쉽지 않다. 혼자 경영하기에 회계를 적당히 얼버무리기 쉽고, 회사와 개인의 경계가 불분명해지곤 한다. 이렇게 되면 회사로서 어느 정도의 소득을 내고 있는지 평가를 할 수가 없다. 결과적으로 '돈을 벌지 못하는 회사', '자금 융통만 해대는 회사'로 전락하고 만다.

중요한 것은 처음에 회사에 '투자'한 금액 범위 내에서 사업을 진행하는 것이다. 예를 들어 처음에 5,000만 원의 자본금을 회사에 넣었다고 하면 5,000만 원을 바탕으로 어떻게 돈을 늘려나갈지를 생각해야 한다. 이 이상의 금액, 사장의 개인 돈을 회사에 쏟아부으면 안 된다.

사장이 회사에 운영 자금을 추가로 투입하는(회사 입장에서 보면 '임원차입금'이 된다) 것은 세금 관련해서는 아무런 문제가 없다. 하지만 회사에 돈이 부족하다는 이유로 개인이 계속 자금을 투입하면 회사가 제대로 돌아갈 수가 없다. 언젠가는 사장이 자금을 더 이상 투입할 수 없는 상태에 이르게 되고 회사는 망할 수밖에 없다.

경영에서 중요한 것은 '투자'에 대한 감각이다. 우선 얼마를 회사에 투자할지 정하고 이 금액을 벗어나지 않은 규모로 회사를 운영해 자금을 늘려나가야 한다. 처음에 투입한 자금이 소진될 것 같아서 추가로 자금을 계속 투입하면, 투자한 금액에 대한 회수율을 정확히 파악할 수가 없다. 투자와 회수의 효율성을 높이는 일이 경영인데 이걸 제대로 해낼 수 없으면 경영자로는 실격이다.

만약에 처음에 투입한 자금이 고갈돼버렸다면, 이 사업은 접는 방안도 고려해야 한다. 어떻게든 처음 투입한 자금으로 꾸려나가는 것이 경영 겸 투자이자, 공과 사를 혼동하지 않을 수 있는 방법이다.

공사를 혼동하지 않기 위한 비결이 있다. 회사의 본질을 '올바르게' 판단하는 것이다. 회사는 기본적으로 주주의 소유물이다. 주주가 투자함으로써 회사가 만들어진다. 사장은 주주가 소유하는 회사에 '고용되어 있을 뿐'이다. 1인 경영의 경우, 주주가 곧 사장이라고 할 수 있는데 스스로 이런 점을 구별해 잘 운영하는 것이 핵심이다.

주주는 모든 것을 투자의 관점에서 판단한다. 즉 처음에 투입한 자금을 어떻게 늘려나갈 것인지를 생각한다. 투자자와 달리 사장은 이익을 내서 주주에게 돌려줄 필요가 있다. 대신 자신은 보수를 받는다.

이러한 입장과 역할을 올바르게 판단하면서 모든 일을 진행해야 한다. 사장으로서 자기 보수를 먼저 생각하면 회사의 가치를 키울 수 없다. 투자자와 사장(임원)은 기본적으로 이익이 상반된다. 평소에 경영 판단을 할 때 어느 쪽을 우선할지가 중요한데, 회사를 운영하는 이상 주주의 이익을 먼저 생각해서 판단해야 한다. 경영자 스스로 이런 판단을 내리기가 쉽지는 않으나 이는 회사를 경영하는 데 매우 중요한 덕목이기 때문에 반드시 지켜나가도록 하자.

100세까지의 자금계획표를 만들라

지금부터는 1인 경영을 어떻게 성공시킬지 생각해보기로 한다. 우선은 '자금계획표'에 대해 알아보자. '자금계획표'란 인생 전체를 아우르는 자금 계획을 엑셀표에 기록하는 것이다 (118쪽 표 참조). 자금 면에서는 이 표만 잘 만들어놓으면 평생 안심하고 살아갈 수 있다.

우선 엑셀표를 하나 준비하자. 가로축에는 연도를 기록하는데, 2018, 2019, 2020년…… 이런 식으로 오른쪽 방향

자금계획표의 예

	2019년	2020년	2021년	2022년
본인 아내 장녀				
[매출] 　　　　합계				
매입고 총이익				
[경비] 임원 급여 공공요금 사무용품 구입비 여비, 교통비 법정복리비 지급 수수료 보험료 기타 경비 　　　　합계				
법인세 공제 전 법인세 등 법인세 공제 후				
[가계] 임원 급여 수입 합계				
[생활비] 자동차 유지관리비 전기 수도 전화+인터넷 생명보험 고정자산세 식비+일용품 구입비 　　　　소계				
[미래 투자] 주택 대출 변제 학비 　　　　소계				
[세금] 원천징수세 주민세 건강보험 국민연금 　　　　소계				
개인 지출 합계 개인 수지 저축액				

으로 적어나간다. 해당 연도 아래에는 자신의 나이를 기록한다. 배우자나 아이들의 나이도 함께 써두면 더욱 좋다.

　세로축에는 연 수입이나 지출에 관한 항목을 적어나간다. 맨 위에 회사(사업)의 매출액(고객 혹은 매출의 내용에 따라 나눠도 된다)을 적고, 그다음에는 회사의 경비를 적어둔다. 경비는 임직원 급여, 공공요금, 사무용품 구입비, 교제비 등인데 아래쪽으로 하나하나 적어나간다.

　매출액에서 재료구입비를 제외한 금액인 총이익을 재료구입비 아래에 적고, 이어 총이익에서 총경비(급여, 외주비 등을 합한 금액)를 뺀 '영업이익(세전 이익)'을 적는다. 이 작업에 필요한 계산식이나 집계 방법 등은 자신이 알기 쉽도록 정리해도 된다.

　회사의 순이익(세후 이익)을 산출해 기입하고 아래에 개인의 수지를 적는다. 회사로부터 급여를 받았다면 이것이 개인의 수입이므로 임직원 급여를 기입한다. 임직원 급여 아래에는 기타 수지를 모두 더해 '수지 합계'라고 적는다.

　다음에는 개인의 지출(경비)이다. 공공요금이나 통신비,

교제비, 도서구입비, 의료비, 식비, 일용품 구입비 등으로 알기 쉽게 항목을 나눠서 하나하나 더해나간다. 또 세금·사회보험료 등도 기입해둔다. 다만 너무 자세하게 항목을 나누면 수치를 입력하기가 어려워지므로 어느 정도는 합쳐도 좋다.

개인의 수입 합계에서 개인의 지출 합계를 빼면 그것이 흑자 금액(남은 돈)이 된다. 이 돈을 미래를 위해 저축하는 것이다.

앞에서 설명한 대로 해당 수치를 100세까지, 해마다 입력해나간다. 중요한 것은 가급적 경비나 생활비 등을 적게 설정하는 것이다. 그렇게 하지 않으면 남는 돈이 적다. 효과적인 가계 운용은 무엇보다 비용 절감에서 시작되는 법이다. 처음부터 지출을 적게 설정해두고 '이 수치를 지키겠다'고 마음먹어야 한다. 누구나 예산을 넉넉하게 짜고 싶겠지만, 그렇게 하면 비용 절감은 거의 불가능하게 된다.

100세까지 어떻게든 수입을 발생시켜야 한다. 물론 연금이라는 제도가 있지만, 연금은 수령 예정 금액×70퍼센트 정도로 줄인 수치로 어림잡아야 한다. 이렇게 해보면 대개 연

사원 제로, 혼자 시작하겠습니다

금만으로는 생활할 수 없다는 계산이 나온다. 그렇기에 100세까지 어떤 식으로든 계속 수입을 얻는다고 마음먹고 계획을 세워야 한다. 그럴 마음만 있다면 누구나 제대로 준비해서 꾸준히 적은 돈이나마 벌어들일 수 있을 것이다.

적자 금액이 커질 것 같으면 비용을 더 절감할 수 없는지 검토해보고, 아무래도 어려울 것 같으면 수입을 늘리는 방법밖에 없다. 애초에 수입보다 많은 경비를 사용하는 것이 문제이므로 비용 절감이 최선이지만, 아무리 짜내도 물 한 방울 안 나오는 상황이라면 수입을 늘려야만 한다. 어떻게 수입을 늘릴지를 필사적으로 생각해보자.

표에 수치를 전부 입력하면 결과적으로 그해의 수지가 맨 밑에 나온다. 매년 계산된 수지를 더해나가서 100세까지 마이너스가 안 나오는지를 확인해보자.

결과적으로 마이너스라고 해도 아무런 방법이 없는 것은 아니다. 젊었을 때 번 금액을 매년 제대로 투자하는 것이다. 가령 연 3퍼센트로 불려나가면 인생 총액을 결산해 볼 때 플러스가 될 것이다. 누적 이익(플러스)에 매년 3퍼센트의 이자를 더해나가는 방식으로 계산해보자.

　100세까지 살 수 있을지 없을지는 알 수 없지만, 우선 100세까지 돈을 플러스 상태로 유지하며 생활해나갈 수 있음을 알게 되면 마음이 놓인다. 자잘한 부분은 차후에 조금씩 수정한다고 생각하고 우선은 큰 틀부터 만들어보자.

불필요한 고정비를 늘리지 않는다

앞에서 '비용 절감이 가장 중요하다'고 했다. 여기서는 비용 절감을 위한 비결을 소개한다. 비용을 줄이기 위해 중요한 것은 '고정비를 줄이고, 더 이상 늘리지 않는 것'이다. 당연한 말처럼 보일지 몰라도 이는 매우 중요하다.

고정비란 매월 혹은 매년 반드시 지출하는 비용을 말한다. 예를 들어 월세, 공공요금 등인데, 차입 중인 사람은 이자도 고정비가 된다. 또한 직원을 고용하면 고정비가 많이 발생한다. 급여는 물론이고 법정복리비(사회보험료 등), 소모품 구입비, 통신비 등 큰 비용이 발생하게 된다. 이들 비용은 매출이 없어도 들어가는 돈이다. 그러므로 고정비가 많으면 매출이 줄어들었을 때 이익을 압도하게 되어 경영에 어려움을 겪게 된다.

고정비가 적으면 경영이 매우 편해진다. 극단적으로 말하자면 고정비가 전혀 들어가지 않으면 자신이나 가족이 먹고살 만큼만 벌면 되므로 무리할 필요가 없어진다. 가능할지는 몰라도 일단 한번 원점에서 생각해보자. 반드시 지출해야만 하는 고정비는 무엇인가, 또 가능한 한 적은 고정비만으로 경영할 경우 최소 얼마를 벌면 되는가. 상식이나 지금까지 통용된 고정관념을 떨쳐버리고 원점에서 생각해보는 것이다.

물론 1인 경영이므로, 가계의 고정비를 줄이는 방식도 생각할 수 있다. 사업과 마찬가지로 가계에서도 불필요한 고정비(필요하지도 않은 승용차의 유지비, 휴대전화의 필요하지 않은 서비스 요금, 필요 이상의 보험료, 가지도 않는 헬스장의 월 회비 등)를 지불하고 있을 수 있다. 가계의 고정비가 줄면 회사에서 벌어야 할 금액도 줄어든다. 사업의 고정비와 마찬가지로 가계의 고정비 또한 삭감하기가 몹시 어렵다. 우선 되도록 늘리지 않는 것에 유념하자.

비용 절감을
습관으로 만들라

고정비를 안이하게 늘리지 말아야 한다는 점은 이해했으리라 믿는다. 이제부터는 이미 고정비가 많이 발생하고 있을 때 비용을 절감하는 방법을 설명하고자 한다.

비용 절감의 비결은 '억지로 조금씩이라도 매월 비용 절감을 실천하는 것'이다. 고정비를 줄이는 것(비용 절감)은 매우 어려운 일이기에, 매월 억지로 조금씩이라도 실행해야 한다는 점을 명심하자.

비용 절감을 실행하는 것은 귀찮기 그지없는 일이다. 예를 들어 휴대전화를 생각해보자. 스마트폰을 계약하면 매월 통신비와 단말기 할부금 등이 발생한다. 다양한 서비스를 추가로 이용하면 해약이 귀찮아진다. 약정 기간 안에 해약하면 위약금을 내야 하는 경우도 있으니 이런 점도 감안해야 한다. 지금은 알뜰폰으로 바꿀 수도 있지만, 이렇게 하면 불편한 점은 없는지 잘 살펴보아야 한다. 상대 업체도 만만치 않기에 좀처럼 해약하거나 저렴한 요금으로 변경하기가 쉽지 않다. 해약 방법 자체가 어려운 경우도 있다. 인터넷으로는 해약하지 못하고 굳이 전화하거나 사무실 등을 방문해야만 하는 식이다. 어찌됐건 마음을 다잡고 비용 절감에 나서야 한다.

비용 절감에 대해서는 몇 가지 핵심 사항이 있다. 첫째로 '일망타진 방식'이다. 예를 들어 마음을 굳게 먹고 사무실을 없애거나 저렴한 곳으로 이사하면 단번에 비용이 절감된다. 사무실 면적이 반으로 줄어들면 당연히 임대료도 저렴해지며, 공공요금 등도 그만큼 줄어든다. 면적이 좁기에 들일 수 있는 기기나 비품 등도 제한되며(예를 들어 컬러 복합기 대여를 그만두고 저렴한 흑백 복합기를 들이는 등) 이것만으로도 매월 드는 비용이 줄어든다.

사무실을 없애고 자택이나 공공장소, 카페 등에서 일을 하면 비용이 더욱 줄어든다. 남에게 멋있어 보이려고 멋진 사무실을 골라 계약했다면 관련 경비가 계속 늘어나 어려움을 겪게 된다.

최근에는 편리한 사무기기들이 많아져서 자기 집에서도 아무 지장 없이 일할 수 있게 되었다. 스마트폰 한 대만 있으면 아무런 문제 없이 일할 수 있는 사람도 많을 것이다.

비용을 절감하는 또 하나의 핵심은 '상한을 정해두는 것'이다. 매월 자동 납부되는 고정비 등은 조금씩 줄여나가고, 기타 경비의 상한을 정해두는 것이다. 예를 들어 '하루에 만 원까지만 사용한다'고 상한을 정해두면 매월 30만 원밖에 사용하지 않게 된다.

기본적으로 외출을 하면 돈을 쓰고 마는 사람이 많을 것이다. 나도 그중 하나다. 외식을 하거나, 아직 읽지 않은 책이 많이 있는데도 또 책을 사게 된다. 이동에도 돈이 들기 때문에 어쩔 수 없이 돈을 쓰게 된다. 외출을 가급적 자제하고 외식도 줄여서 집에서 끼니를 해결하고 매달 나가는 돈을 줄이기로 작정해보는 것이다.

외주 일을 연결해주는 '크라우드웍스'의 요시다 고이치로 사장은 맨손으로 회사를 설립한 후 '1,000엔으로 하루를 살고, 하루도 쉬지 않는다'라는 목표를 정해 혼자 힘으로 회사를 상장시키기까지 했다. 요시다 씨를 흉내 내서 만 원으로 하루를 살고, 자기 일에 최선을 다해보자. 뻔한 소리로 들릴지 모르지만 이런 사고방식이 중요할 때가 있다.

자신에게 엄격하지 않으면 비용 절감을 해내기 어렵다. 매일매일 자신을 질책하고 격려하면서 비용을 절감해보자. 깔끔하고 단순한 경영으로 매출을 올리고 이익을 내야 한다.

큰 경비부터
아낄 방법을
찾는다

비용 절감 방법을 조금 더 생각해보자. 비결 중 하나는 '큰 경비부터 재검토하는 것'이다.

　예를 들어 가계라면, 집이나 승용차에 관한 비용을 다시 검토해본다. 다른 데로 이사하거나 더 저렴한 집을 구입하면 비용이 큰 폭으로 낮아진다. 또한 외제차를 소형차로 바꾸면 경비를 크게 절감할 수 있다.

　사업도 마찬가지다. 근사한 사무실을 해약하면 비용을

크게 절약할 수 있다. 지금까지 당연히 지출해오던 경비를 '제로베이스'에 이르도록 줄여야 한다.

매월 지불하는 막대한 경비 또한 회사를 시작하기 전에는 나가지 않던 돈이다. 지금까지 회사를 경영하며 조금씩 비용을 늘린 결과에 불과하다. 다만 이를 하나씩 줄여나가기란 좀처럼 쉽지 않기에 '애초부터 없던 것'이라고 가정하여 필요한 것만 남겨두고, 없어도 되는 항목은 단번에 없애보자. 이 방법도 비용을 줄이는 한 가지 비법이다.

비용 절감 비결을 하나 더 들자면 '그만두는 것'이다. 사람들은 비용을 낮추려 할 때 비용의 수준만을 줄이려고 한다. 예를 들어 쇼핑할 때는 더 싼 것을 찾아서 사려고 한다. 사무실도 현재 임대료가 200만 원이라면 150만 원에 쓸 수 있는 공간을 찾으려고 부동산중개업소를 방문한다. 하지만 이렇게 조금씩 줄이는 비용을 전부 더한다고 해도 큰돈이 못 돼서 비용 절감에 성공하지 못한다. 과감하게 비용을 줄이려 할 때는 아예 그만두어야 한다.

앞서 말한 사무실에 관해 생각해보면 '사무실을 없애는

것'도 좋은 방법일 수 있다. 회사를 경영할 때는 사무실이 있어야 한다고 생각할지 모르지만, 그것이 정답은 아니다. 지금처럼 IT 기술이 발달한 세상에서는 일하는 사람들이 반드시 한 장소에 모일 필요가 없다.

직원(파트타임 직원, 아르바이트생 등)도 자기 집 혹은 인근의 대여 사무실, 카페 등에서 일하게 하면 된다. 이러면 통근을 하며 에너지를 소비할 이유가 없다. 통근비 또한 마찬가지다. 사무실을 없애면 직원이 사용할 온갖 물품들도 불필요해진다. 임대료는 물론, 공공요금, 통신비 등도 없앨 수 있기에 비용을 크게 절감할 수 있다.

다가올 미래 시대는 '통근 시간 제로' 시대로, 자택 근무야말로 최우선 선택지가 될 것이다. 이미 대기업 사원들도 자기 집에서 일하는 경우가 많다. 작은 회사는 사무실을 없애고 각자 자택에서 일해도 좋다.

다만 집에서 도무지 집중할 수 없는 사람도 있다. 나도 세무사무소를 개업했을 때는 집에서 일했지만, 아이가 시끄럽게 굴어서 일에 집중하지 못한 경우도 있었다. 하지만 10

년이 지난 지금은 아이가 많이 자랐고, 특히 오전 중에는 학교에 가서 집을 비우기에 집에서 일하는 시간이 늘었다.

'회사나 사무실에서만 할 수 있는 일'은 가급적 없애는 편이 좋다. 어디서든 일을 할 수 있게 여건을 조성하는 것이 중요하다.

사무실 정리 말고도 마음만 먹는다면 할 수 있는 일이 많다. '지금까지 이렇게 해왔으니까', '필요했으니까' 같은 이유를 억지로 떠올리지 말고, 정말로 필요한지 다시 한번 생각해보자. 모르긴 해도 반드시 필요하지는 않을 것이다. 이렇게 하나씩 정리해가면 비용을 크게 절감하고, 이익을 쌓아갈 수 있다. 나아가 꼭 올려야 할 매출액 또한 줄어들 것이다.

일상생활 속
비용 절감을
위한 팁

여기서는 보다 상세하게 비용 절감 비결을 소개하고자 한다.

이동을 줄인다

가급적 대중 교통을 이용한다

모든 이동에는 비용이 든다. 당연한 말이지만 이동을 줄

사원 제로, 혼자 시작하겠습니다

이면 비용이 절감되고 이에 비례해 이익이 늘어난다.

내 고객 중에 택시를 즐겨 타는 사람이 있다. '돈으로 시간을 산다'는 차원에서는 지하철이나 버스보다 택시를 타고 이동하는 것이 타당할 수도 있지만, 돈이 너무 많이 드니 비용 문제가 생길 수밖에 없다.

택시를 타고 있을 때 전화를 하면 기사가 통화 내용을 들을 수 있고, 일을 하지 못하는 단점이 있다. 가급적 지하철 같은 대중교통을 이용하거나 도보로 이동하자. 비용을 크게 줄일 수 있다.

가능하면 신용카드를 사용하지 않는다
사용할 경우에는 철저히 관리한다

세상이 편리해져서 요즘은 현금이 없어도 뭐든 살 수 있다. 인터넷에서 물건을 살 때는 십중팔구 신용카드로 결제하는 세상이 됐다. 나도 인터넷 쇼핑몰에서 상품을 구입하거나 기차표 혹은 항공권을 살 때는 신용카드를 사용하고 있다. 하지만 다른 경우에는 거의 현금으로 지불하며 음식점 같은 데서는 신용카드를 사용하지 않는다.

신용카드를 사용했을 때는 바로 회계 프로그램에 해당 사항을 입력해서 관리한다. 신용카드를 사용하는 경우에는 엄격한 관리를 통해 지금 얼마나 사용했는지, 또 언제 결제해야 하는지를 파악해야 한다. 또 한편 내가 지금 돈을 쓰고 있다는 느낌이 잘 안 들기 때문에 주의할 필요가 있다. 실제로는 지불을 뒤로 미루어두었을 뿐이라는 점을 염두에 둬야 한다.

최소한의
매출을
목표로 삼는다

지금부터는 이야기를 조금 바꿔서 앞으로 자신을 '작게' 만들기 위해 어떤 마음을 먹어야 하는지를 알아보고자 한다.

우리의 경제 규모는 앞으로 계속 축소될 것이다. 이런 흐름에 역행하여 자기 몸집을 키우는 선택을 할 수도 있지만, 너 나 할 것 없이 모두 커질 수는 없다. 전반적으로 규모가 축소되고 있으니 나 또한 이 흐름에 맞추어 살아나가야 한다.

자신을 작게 만드는 방법의 하나가 '연 수입과 매출을 줄이는 것'이다. 필요한 연 수입이나 필요한 매출액은 죽을 때까지 필요한 생활비와 지금 당장 필요한 생활비를 산출한 다음 역산해서 얻는다고 앞서 설명한 바 있다. 다시 말해 죽을 때까지 소요되는 생활비 및 지금의 생활비를 줄이면 연 수입이나 필요 매출액 또한 줄어든다는 말이다. 이것을 적극적으로 실천하자고 제안하는 바이다.

《속도를 늦추면 행복이 보인다》라는 책을 쓴 고사카 마사루는 '다운시프트'라는 개념을 제창하고 이를 실천하고 있다. 본업은 이케부쿠로에 있는 작은 오가닉 바 운영인데, 지바현의 '소사'라는 곳에 땅을 빌려 농사를 지어 쌀과 채소를 거두고 가게와 집에서 소비한다.

자신의 생활방식을 설계할 때 우선 '생활에 필요한 최저 비용'(최저 얼마를 지출하고 생활할 수 있는가)을 계산하여 '이 정도의 매출을 올리면 충분히 살아갈 수 있다'고 생각되는 금액을 구한다.

역산을 해서 나온 필요 매출액이 월 600만 원이라고 하면 주 4일 근무(고사카의 가게는 토, 일, 월요일이 휴일이다) 기준

월평균 17일 영업, 1일 35만 원의 매출로 목표를 달성할 수 있다. 고객 1인당 4만 원을 쓴다고 하면 하루 아홉 명의 손님이 오면 달성할 수 있는 수치다. 고사카의 오가닉 바는 열세 명이 들어오면 가득 차지만, 만석이 되지 않아도 생활에 필요한 돈은 벌 수 있다는 계산이 나온다.

보통 음식점을 개업할 때 이런 식의 사고방식을 갖는 사람은 많지 않다. 가게 위치나 인테리어, 내놓는 요리 등을 철저히 고려하여 한 명이라도 많은 손님을 받는 것을 목표로 삼는다. 이와 같은 사고방식은 우리 사회가 호경기였던 시절에는 아무 문제가 없었다. 다만 앞으로 '불경기'의 시대에 들어선다는 점을 명심해야 한다. 이런 상황에서 매출을 계속해서 늘려가겠다는 것은 무모한 도전에 가깝다. 이를 실현할 수 있는 것은 극히 일부의 실력 있는 이들뿐이다.

자신이 있다면 도전해보는 것은 좋은 일이다. 그렇지 않다면 '생계를 꾸려갈 수 있는 급여(연 수입), 매출액'을 역산해서 구한 다음 여기에 맞추는 것이 정답이다. 생활이나 사업에 비용을 들이지 않으면 음식점의 경우 하루 다섯 명의 손님만 받아도 된다. 또 하루 수십만 원의 매출만 올려도 생활비를 충분히 벌 수 있는 사업이 많다. 자신이 좋아하는 일을 하는 것도 중요하지만, 비용이 안 드는 사업을 찾아서 생활비를 절감하여 필요한 매출액만 달성하는 식으로 일해보라. 앞으로는 누구나 업무량을 줄여나가게 될 것이다.

연 수입이나 연 매출을 줄이다 보면 다른 사업체와 비교되어 자신이 보잘것없는 존재로 느껴질 수 있다. 예를 들어 텔레비전에서 '연 매출 ○억 원!'이라거나 '호화로운 생활. 연 수입 10억 원' 등의 자막이 커다랗게 뜰 때가 있다. 이런 삶이 부러운 사람은 이를 목표로 삼아도 좋다. 하지만 다른 사람과 비교하는 것은 바보 같은 짓이다. 자신이 좋아하는 일을 시간을 많이 들이지 않고 계속하는 것이 행복의 비결이다.

이익이 나면
어느 곳에
투자할까?

경영 계획을 세우고 비용을 절감한 후 매출을 올려서 이익을 낸다. 여기까지는 충분히 이해했으리라 믿는다. 지금부터는 남은 이익을 어떻게 하면 좋을지에 대해 알아보자.

경영 계획을 세울 때는 총이익(매출-원가)을 '임직원 급여 4 : 경비 4 : 이익 2'로 분배한다고 앞서 말한 바 있다. 예를 들어 총이익이 2억 원이라면 임직원 급여로 8,000만 원, 경비로 8,000만 원을 사용하고, 세전 이익 4,000만 원을 남긴다.

이익 목표 구하기

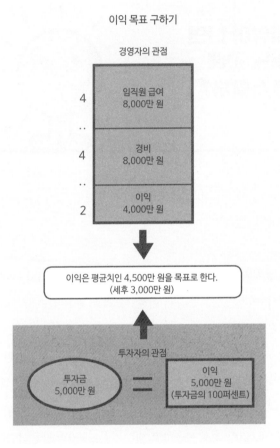

경영자의 관점

4	임직원 급여 8,000만 원
..	경비 8,000만 원
4	
..	이익 4,000만 원
2	

이익은 평균치인 4,500만 원을 목표로 한다.
(세후 3,000만 원)

투자자의 관점

| 투자금
5,000만 원 | = | 이익
5,000만 원
(투자금의 100퍼센트) |

사원 제로, 혼자 시작하겠습니다

어떻게 해도 경비를 줄일 수 없어서 1억 원을 썼다고 한다면 이익을 2,000만 원으로 줄일 게 아니라 눈물을 삼키고 임직원 급여를 6,000만 원으로 낮춰서 이익을 확보해야만 한다. 이것이 '경영자로서' 이익을 내는 방법이다.

그런데 1인 기업에서는 '경영자'뿐만 아니라, '투자자' 관점 또한 갖추어야만 한다. 이것은 무슨 뜻일까?

1인 기업에서는 우선 일정 자금을 가지고 회사를 시작한다. 예를 들어 5,000만 원이라면 5,000만 원, 3,000만 원이라면 3,000만 원의 자금을 투입하여 여기에서 발생하는 이익을 회수해나가는 방식이다. 매출이 얼마, 경비가 얼마라고 생각하는 것은 '경영자'의 사고방식이다. 이는 덧셈, 뺄셈의 세계다.

이에 더하여 투자자로서 자신이 투자한 금액의 몇 퍼센트를 매년 회수하는가를 생각해야 한다. 다시 말해 곱셈, 나눗셈의 세계로 눈을 돌려야만 한다. 어느 쪽이 옳고 그르다는 말이 아니다. 1인 기업을 운영할 때는 양쪽에 모두 관심을 기울여야 한다는 얘기다. 하지만 투자자의 관점까지 두루 갖추고 있는 사람은 많지 않다.

투자자 입장에서 생각해보면, 자본금으로 4~5개월분의 임직원 급여+경비를 마련해두는 것이 좋을 것이다. 예를 들어 임직원 급여와 경비를 더해 매월 1,000만 원이 필요하다면 4,000~5,000만 원의 자금을 회사에 마련해두고 경영을 시작하는 것이다. 투자한 초기 자본금이 완전히 고갈되었다면, 자신에게는 능력과 안목이 없다는 사실을 깨닫고 포기해야 한다. 요컨대 굳게 마음먹고 덤벼들어야 한다.

또 투자자로서 투입한 자금의 몇 퍼센트를 매년 이익으로 남길 것인가를 정하는 것이 중요하다. 1인 기업에서는 '매년 자본의 100퍼센트에 해당하는 세전 이익을 낸 후, 세금을 제외하고 60퍼센트 정도를 최종 이익(세후 이익)으로 남긴다'는 비교적 높은 목표를 설정하는 것이 좋다. 즉 5,000만 원의 자본금으로 사업을 시작했다면 매년 5,000만 원의 세전 이익을 낸 후, 세금을 납부하고 남은 3,000만 원의 이익을 남기는 것이 '투자자 입장'에서 이익을 남기는 방법이다(세전 이익은 자본금과 같은 금액을 내야 한다).

지금은 법인세 등이 상당히 낮은 편이라 세금을 40퍼센트나 잡아둘 필요는 없지만, 일단은 높은 수준으로 설정해 두자.

'경영자'로서 필요한 세전 이익 4,000만 원, '투자자'로서 필요한 세전 이익 5,000만 원을 평균한 금액(4,500만 원)을 세전 이익으로 확보한다는 계획을 세우자. 실제로 계획대로 흘러가서 세전 이익이 4,500만 원이 나왔다고 치자. 현행 세율에 따르면 크게 봐도 세금은 1,500만 원도 안 될 것이기에 3,000만 원은 수중에 남는다는 계산이 나온다.

기존의 자본주의 논리를 따르는 회사라면 이익을 활용해서 점점 회사를 키워나가야 한다. 따라서 3,000만 원으로 설비를 구입하거나 직원을 더 고용해 사업을 확대해나갈 것이다. 이렇게 되면 최초의 자본 5,000만 원에 이익 3,000만 원을 더한 8,000만 원이 내년 자본이 되고, 보통은 이 자본을 복리로 키워나간다. 이렇게 회사의 규모를 키우는 것이다.

하지만 1인 기업에서는 회사를 키우는 것을 염두에 두지 않는다. 따라서 3,000만 원은 따로 지출할 일이 생기지 않으면(통장에 넣어둔 채로라면) 계속 쌓이게 된다. 첫해에는 8,000만 원[5,000만 원(본래 자본)+3,000만 원], 이듬해에는 1억 1,000만 원(8,000만 원+3,000만 원)이 된다. 이런 식으로 단리로 늘어나는 것이다.

이렇게 가만히 내버려두면 돈이 아까우니 1인 기업에서는 남은 이익(연 3,000만 원)을 가급적 복리로 굴릴 수 있는 금융기관으로 옮길 필요가 있다.

조금 어려울지도 모르지만 1인 기업에서는 비용을 지출하고 남은 이익을 이런 방법으로 운용해야 한다.

One-Person Business

4장

1인
비즈니스
시간
활용법

노동시간은
제로에 가깝게
만든다

4장에서는 1인 기업, 1인 경영자의 '시간'에 대해 생각해본다. 돈과 시간은 자주 비교되는데, 나는 시간이 돈보다 훨씬 중요하다고 생각한다. 돈은 나중에 되찾을 수 있지만, 시간은 일단 지나가 버리면 다시 되돌릴 수 없다. 인생에서 우리에게 허용된 시간은 유한하며, 일단 이를 잃게 되면 영원히 되돌릴 수 없다. 시간을 소중히 여겨야 한다.

　우선 1인 사장의 노동시간에 대해 생각해보자. 시대는

점차 변화한다. 미래를 예측하기는 어렵지만 앞으로는 점점 더 '노동'의 가치가 낮아질 것이다. 물론 누구나 돈을 벌기 위해 일하고 이는 훌륭하고 존경할 만한 일이지만, 이것이 삶의 전부는 아니다. '1인 사장'은 어떻게 하면 노동시간을 최소화할지를 생각해야 한다.

단언컨대 사장의 노동시간은 가치가 없다. 사장이 '몇 시간을 일하면 얼마'라는 시급 계산을 하는 순간 이미 매출을 늘릴 가능성은 없다고 볼 수 있다. 시간으로 돈을 사면 시간이 없어지고 정신이 피폐해지며 사장이 지닌 가치도 점점 줄어들고 만다. 이렇게 되면 1인 기업의 형편은 점점 더 나빠질 수밖에 없다.

상업혁명 이후, 사람은 일을 하고 보수를 받아 살아왔다. 이런 생활방식은 일반적인 상식이 되었고, 마치 DNA와 같이 우리 몸에 배어 있다. 나도 물론 마찬가지이며 일을 하지 않으면 불안해질 때가 있다. 아침부터 집에서 원고를 쓰거나 이런저런 발상을 떠올리다 보면, '이런 짓을 하고 있어도 괜찮을까, 다른 사람들은 다 일하러 나갔는데' 하는 생각이 드는 것이다. 점심 무렵 집 근처를 산책하노라면 '누가 보면 일을 안 하는 사람이라고 생각하겠는걸' 하는 생각이 든다.

'남자는 아침이 되면 일하러 나간다', 이런 관념이 정답이 아니라는 것은 물론 알고 있다. 하지만 마음속 어딘가에는 자고 일어나면 직장에 출근해야 한다는 고정관념이 남아 있다. 하지만 이런 생각을 끊어버려야만 1인 기업을 제대로 꾸려갈 수 있다.

1인 기업의 사장은 어떤 수단을 써서라도 최대한 노동하지 말아야 한다. 바로 이것이 열쇠다. 일하지 않는 자유로운 시간을 만들고, 이를 통해 새로운 생각을 하고 물건을 만들어내야 한다. 끊임없이 책을 읽으며 공부하고, 사람과의 대화를 통해 아이디어를 창출하는 것이 중요하다. 다가오는 시대는 변화가 극심할 것이다. 한 가지 노동에만 시간을 쏟다 보면 스스로 변화하기 어렵고 결국에는 시대에 뒤처져버릴지 모른다. 1인 기업 사장은 유연해야 한다.

노동시간을 줄여서 돈을 벌기 위해서는 결국 시간당 소득(이익)을 높여야 한다. 이렇게 되면 결과적으로 노동을 하면 할수록 많은 돈을 벌어들인다.

예를 들어 노동시간을 줄여나간 결과, 컨설팅 업무로 한 시간 일해서 100만 원을 벌어들일 수 있게 되었다고 치자. 이렇게 해서 두 시간에 200만 원, 세 시간에 300만 원을 벌 수 있다면 정말 대단한 일이다. 다만 소득을 늘리려고 장시간 노동을 하게 된다면 본말이 전도돼버리니 주의할 필요가 있다.

노동에 따른 소득을 늘리거나 생산성을 높이기 위해서는 역시 1인 기업 사장이 가능한 한 일을 하지 않아야 한다.

일은 끝이 없으므로 시간을 정해두자

사장의 노동시간을 줄이고 생산성을 높이기 위해서는 구체적으로 어떻게 해야 할까. 맨 먼저 해야 할 일은 의도적으로 노동시간을 줄이는 것이다. 지극히 당연한 말이지만 노동시간을 줄이기 위해서는 '노동을 하지 않아야 한다'. 사람은 누구나 일하지 않으면 불안해진다. 그런 마음을 버리고 의도적으로 노동하지 않는 것이 가장 중요하다.

또한 일은 일단 시작해버리면 쉽게 완수할 수 없다. 방해

사원 제로, 혼자 시작하겠습니다

물이 생기면 집중력이 흐트러지고, 다시 집중하는 데 많은 시간이 소요된다. 일을 시작하기 전에 '이 일은 몇 분 안에 할 수 있다'고 생각했겠지만 실제로는 일을 끝내는 데 더 많은 시간이 걸린다.

1인 기업 사장의 노동시간을 늘리지 않기 위해서는 '노동시간을 제한하는 것'이 가장 좋은 방법이다. 목적을 달성하기 위해 여러 가지 방법을 사용해보자.

첫째는 '셀프 휴일'을 설정하는 것이다. 토요일, 일요일을 쉬고 주 5일 근무하는 사람이 많다. 이때 월요일과 금요일도 휴일로 지정, 조금 무리해서 주 3일 근무제를 실시해보면 어떨까. 혹은 월요일과 금요일에는 원래 업무를 중지하고 새로운 일이나 창조적인 일만 하기로 방침을 정하는 것이다. 그러면 화, 수, 목 3일간 일하게 된다. 주 5일 근무에서 주 3일 근무로 바뀌었기 때문에 일을 제대로 끝마칠 수 없을지 모른다는 걱정이 들 수 있다. 하지만 평소에 불필요한 일을 많이 하고 있을 경우 집중하면 3일 만에 일을 끝내는 사례도 많다.

업종의 특성상 어쩔 수 없이 일주일에 5일간 현장에 나가야 하는 경우, 그중 2일은 시간을 단축해서 근무하거나 현장에 나가서도 할 수 있는 다른 일을 함께 해본다.

'파킨슨의 제2법칙'을 따르면, 일의 양은 주어진 시간을 다 쓸 때까지 늘어나는 법이다. 지금껏 5일간 하던 업무를 3일 만에 처리해야 한다 해도 걱정할 것 없다. 불필요한 일을 하지 않음으로써 문제없이 주어진 업무를 마칠 수 있으리라 확신한다.

노동을 제한할 때는 '노동시간을 정하는 것'이 정말 중요하다. 그날의 일을 끝낼 시간을 미리 정해둬야 한다. 시간을 정한 이상 그때가 지나면 업무를 중단한다. 18시에 업무를 마치기로 했다면 정해진 시간이 지나면 이메일이 와도 답장을 하지 않는다. 회식같이 빠질 수 없는 일이 있는 경우에는 예외로 한다. 다만 너무 늦게까지 술을 마셔서 다음 날 업무에 영향을 끼치는 일은 피해야만 할 것이다.

18시까지는 도저히 일을 끝낼 수 없다면 충분한 수면을 전제로 아침에 일찍 일어나서 일하는 수밖에 없다. 사람들은 보통 뇌가 쌩쌩한 아침에 일이 잘된다. 반대로 업무가 빨리 마무리된다면 그날의 일은 일찍 종료해도 아무런 문제가 없다.

이러한 방법을 통해 빡빡하다 싶을 만큼 시간을 정해서 업무량을 줄여나가는 것이 핵심이다. 일하는 시간을 늘리더라도 결국은 같은 정도의 일밖에 해낼 수 없다. 차라리 이런 식으로 업무 시간을 줄여서 생긴 여유 시간에 미래를 연구하며 새로운 길을 찾는 편이 낫지 않을까.

'1인 세무사'인 나 또한 세무 업무는 엄격하게 시간을 정해 실행하고 있다. 주말에는 아무 일도 하지 않고, 원칙적으로 월요일과 금요일은 '세무 업무 금지의 날'로 정해서 긴급하고 중요한 업무 외에는 일절 대응하지 않는다.

그런 날에는 원고를 쓰거나 앞으로 하고 싶은 일을 준비하는가 하면 운동으로 몸을 단련하기도 한다. 가장 바쁜 시기인 2~3월은 예외지만, 그때 외에는 엄격하게 노동시간을 제한해두고 일을 한다.

인공지능의 도입으로 세상은 정신없이 변할 것이다. 이렇게 되면 틀림없이 사장의 노동시간, 특히 단순 업무를 처리하는 시간은 거의 아무런 가치를 갖지 못하게 될 것이다. 일을 마치고 남는 시간에는 변화에 대응하는 역량을 기르거나 미래에 대비하는 활동을 해보자.

업무별로
시간을 재고
깔끔하게
손을 뗀다

노동시간을 제한하기 위해, 그리고 업무의 효율과 생산성을 높이기 위해 나는 업무별로 소요 시간을 재서 작업예정표를 만든다. 또 실제로 소요된 시간도 잰다. 이렇게 확인한 소요 시간은 향후 예정된 일에 반영한다.

예를 들어 이 책의 한 항목을 쓰는 데 필요한 시간은 30분으로 정해두었다. 지금까지 여러 번 원고를 썼는데, 평균 30분가량 걸린다는 사실을 알고 있기 때문이다. 다른 일을 할 때도, 아주 복잡한 세무 업무를 제외하고, 해당 업무에 소요되는 시간을 재서 기록하고 있다. 일에 집중해서 빨리(물론 정확하게) 끝내기 위해서는 소요 시간을 정해두는 것이 좋다. 지금 이 원고는 9시 40분에 쓰기 시작했는데, 10시 10분까지는 반드시 마치기로 정한 상태다. 10시 10분이 되면 깔끔하게 손을 떼고 다른 업무를 시작한다. 10시 10분까지 미리 정해두었던 분량을 쓰지 못한 경우, 다음 날 뒤처진 부분까지 만회하도록 분발한다.

매일 매일 부족한 점을 개선해가며 꾸준히 계속하면 반드시 정한 시간에 끝낼 수 있게 된다. 그리고 익숙해지면 설정 시간을 25분, 20분 등으로 줄여나간다. 그러면 일은 분명 빨라질 것이다.

일과 일 사이에 생기는 틈새 시간도 중요하다. 전날까지 '무엇을 할 것인가'를 정해두고 대략의 소요 시간을 설정해두는 것이 좋다. '9:00~9:30 원고 작성, 9:30~9:50 이메일에 답장, 9:50~10:30 고객이 의뢰한 업무 처리' 등으로 정해놓는 것이다. 실제로 업무 처리에 걸린 시간도 간략히 메모해두고 늦어졌을 경우 원인을 간단히 검증한다.

가장 좋은 것은 업무별로 시간을 관리하는 것이다. 개별 업무를 시작한 시각부터 끝낸 시각까지 걸린 시간을 알 수 있다. 또한 그날 업무가 종료되는 시간을 염두에 두고 일이 정해놓은 속도대로 진행되고 있는지 혹은 늦어지고 있는지를 파악할 수 있다.

일을 끝낼 시간을 정해두는 것이 중요하다고 말했는데, 이러한 방식을 이용하면 어떻게든 정한 시간에 일을 끝내기 위해 노력하게 된다. 또한 업무를 처리하는 데 걸리는 시간을 줄이기 위해서는 어떻게 해야 좋을지를 생각하고 적용하게 된다. 이렇게 하면 업무가 빨라지며 노동시간도 줄어들고 생산성은 높아진다.

조금 다른 이야기지만, 나는 고객을 방문하거나 의뢰받은 일을 할 때 고객을 위해 사용한 시간을 집계해서 고객별로 시간당 매출을 계산한다. 시간당 매출이 적은 고객에게는 가능한 한 단가를 높여달라고 요청한다. 받아들여지지 않은 경우에는 작업을 효율적으로 진행하는 방식으로 일에 소요되는 시간을 줄여서 시간당 매출을 늘린다.

시간당 어느 정도 벌고 있는지를 알 수 있는 지표가 없으면 불필요하게 낭비하는 시간이 발생할뿐더러 아무리 일을 많이 해도 돈을 벌 수 없게 된다. 나아가 이유조차 알지 못하는 상황에 빠져버린다. 이러면 제대로 경영을 하고 있다고 말할 수 없다.

시간당 매출, 이익을 극한까지 늘림으로써 더욱 많은 시간이 생겨나고 새로운 일도 할 수 있는 것이다. 생산성을 높이고 효율성이 뛰어난 경영을 하기 위해서는 시간 감각이 아주 중요하다. 일을 할 때는 '시간'을 중심으로 생각해보자.

집중이 잘되는 시간에 돈 버는 일을 하자

의외로 소홀한 점이 있는데, 경영이나 업무에서는 '집중'이 무엇보다 중요하다. '집중'을 제대로 활용하지 않으면 업무를 원활히 할 수 없으며 불필요하게 시간을 소모하고 생산성이 낮아진다.

일은 자신이 집중할 수 있는 시간대에 해야 한다. 집중할 수 있는 시간대는 사람에 따라 다르기에 가장 집중이 잘되는 시간대를 정해서 가능한 한 매일 그 시간에 일한다.

나의 경우에는 '아침'이 가장 집중이 잘되는 시간대다. 따라서 6시에 일어나서 곧바로 업무를 시작한다. 우선 매일 처리해야 하는 일상 업무를 해치운다. 목표나 계획을 적어놓은 공책을 확인하고 돈 계산, 회계 처리를 한다. 받은 이메일에 답장을 쓴 다음 지금 쓰고 있는 것 같은 원고를 쓰는 데 몰두한다.

이 원고를 쓰고 있는 시간은 7시 41분이다. 앞에서도 썼듯이 시간을 재면서 업무를 진행한다. 평일에는 거의 매일 가족들이 7시 반 이전에 외출하므로, 지금 집에는 나와 반려동물인 토이 푸들이 있을 뿐이다. 토이 푸들은 얌전히 잠을 자고 있기에 업무에 집중할 수 있다.

아침에는 뇌도 맑은 상태다. 잠을 충분히 자고 나면 뇌세포가 신선한 상태로 되살아난다. 글도 술술 잘 써진다. 점심을 먹은 후나 저녁에는 졸음이 몰려오기도 하고 집중하기가 어렵다. 그렇기에 창조적인 능력을 발휘해야 하는 일은 아침 일찍 하려고 노력한다.

한밤중에 가장 집중이 잘되는 사람, 해가 뜨기 전의 새벽에 가장 집중이 잘되는 사람도 있을 것이다. 자신이 가장 집중할 수 있는 시간을 확보하여 가급적 해당 시간대에 창조적인 일, 돈을 벌 수 있는 일을 하자.

다음으로 집중하기 위해서는 '장소'도 중요하다. 아무도 없는 데서 가장 집중이 잘되는 사람이 있는 반면, 카페처럼 소란스러운 장소가 아니면 집중할 수 없는 사람도 있다. 자신에게 맞는 '집중 장소'를 찾아보자.

나는 이러한 집중할 수 있는 장소를 찾기 위해 노력을 아끼지 않는다. 사람이 거의 없고 조용한 데서만 집중할 수 있기에 세무사 시험 공부를 하던 시기에는 집 근처의 주민회관 같은 데를 찾아다녔다. 결과적으로 좋은 장소를 찾을 수 있었기에 시험도 잘 치를 수 있었다. 다시 말하지만 집중할 수 있는 장소는 매우 중요하다.

지금도 일하는 장소에 대해서는 나만의 고집이 있다. 집에서는 집중할 수 있지만 어인 일인지 사무실에서는 집중이 안 돼서 가급적 오전 중에는 집에서 일하려고 한다. 사무실 임대료를 생각하면 아깝긴 하지만 집중할 수 있는 상황에 비교할 바가 아니라고 생각한다.

어떻게든 '집중할 수 있는 환경'을 만들어보자. 집중해야 하는 상황에서 인터넷 검색을 하거나 스마트폰이나 텔레비전을 보는 것은 피해야 한다. 집중력이 흐트러지고 업무가 잘 되지 않는다. 특히 스마트폰은 조심해야 한다. 문자메시지나 전화, 이메일이 온다면 어쩔 수 없이 들여다봐야겠지만, 한번 스마트폰을 보게 되면 업무로 돌아가기가 사실 쉽지 않다. 집중력을 되살리려면 많은 시간이 드는 법이다.

따라서 스마트폰의 알림은 되도록 눈에 띄지 않게 하자. 메시지가 왔을 때 화면에 알림이 뜨거나 소리가 울리지 않도록 설정해두자.

우리가 생각하는 것 이상으로 집중해서 일하기는 정말 중요하다. 집중해서 일을 해치우고 가능한 한 여유 시간을 많이 만들자. 그렇게 마련한 시간에는 좋아하는 일을 하거나 취미 생활을 하고 자유롭게 놀아보자. 1인 경영에서는 이것이 가장 중요하다.

좋아하는 일을 위한 시간은 따로 떼어둔다

1인 경영을 계속하기 위해 지켜야 할 규칙이 많은데, 시간을 '따로 떼어내어' 좋아하는 일을 하는 것도 빼놓을 수 없다.

미래에 대비해 돈을 투자하는 것과 마찬가지로 시간 또한 따로 떼어 만들어 두어야 한다. 벌어놓은 돈에서 경비나 생활비 등을 사용하고 남은 돈을 미래를 위해 투자하려고 마음먹더라도 이는 현실적으로 쉽지 않다. 결국 이렇게 저렇게 사용해버리고 수중에 남은 돈이 없어지는 일이 다반사다.

그렇기에 처음부터 미래를 위해 투자할 금액을 정해서 따로 떼어놓아야만 한다. 시간도 마찬가지다. 자신이 좋아하는 일을 할 시간을 사전에 확보해야 한다. 그러지 않으면 닥쳐오는 업무에 떠밀려 시간은 순식간에 사라져버린다. 한번 가버린 시간은 다시 오지 않는다.

지금까지 여러 차례 썼듯이 1인 비즈니스에서는 사장 본인이 좋아하는 일이나 잘하는 일, 몰두하거나 몰입할 수 있는 일을 해야만 성공할 수 있다. 별로 하고 싶지 않은 일이나 단순한 업무 따위는 로봇이나 인공지능이 대신할 수 있다.

아무튼 사장은 좋아하는 일만 꾸준히 해나간다. 경영에 성공하기 위한 열쇠는 이 방법밖에 없다. 좋아하는 일을 한다고 해서 곧바로 돈이 벌리지 않는 경우도 있으므로 '이런 일이나 하고 있어도 될까?' 싶어 불안해질 때도 있을 것이다. 하지만 그런 생각은 끊어버리자. 1인 기업을 경영하기로 마음먹은 이상, 원활히 운영하기 위해 제대로 놀고 좋아하는 일을 해야 한다. 반대로 말하자면 이것 말고는 달리 살아남을 길이 없다.

외주업체와 스태프의 생산성을 높인다

경영을 할 때는 무엇보다 생산성을 높여야 한다. 1인 기업의 생산성을 높이기 위해서는 자신의 능력을 가장 잘 살릴 수 있는 일을 집중해서 할 필요가 있지만, 반대로 일하는 시간을 강제로 줄이는 것도 효과가 있다.

한편 자사의 생산성을 높일 뿐 아니라 스태프나 외주업체, 고객도 업무 생산성을 높이도록 만들어야 한다. 이렇게 할 수 있다면 결국 자사의 생산성 향상도 도모할 수 있다.

내가 일을 의뢰하는 스태프나 외주업체의 생산성은 무척 중요하다. 1인 기업이라고 해서 업무를 혼자서 다 할 수는 없으며, 외주로 넘기는 경우도 많다. 외주업체를 잘 관리해서 생산성을 높이게 하는 것은 매우 중요하다.

외주업체의 생산성을 높이기 위해서는 납기와 마감 날짜를 엄격한 수준으로 정하고, 의뢰한 일을 반드시 끝내게 하는 것이 중요하다. 너무도 당연한 일이지만 이와 같은 기본 사항을 가볍게 여기지 않아야 한다.

어떤 일을 외주에 넘길 때, 비용은 100만 원이고 일을 넘기는 날짜는 언제든 상관이 없다고 말했다고 치자. 일을 부탁한 쪽에서 보면 같은 100만 원을 지급하여 같은 수준의 성과물을 받을 수 있으니, 결과는 다르지 않다. 하지만 상대방 외주 인력의 생산성이 낮은 채로 남아 있으면, 다음번에 급한 일을 부탁했을 때 내가 손해를 볼 수 있다. 난이도가 높은 일도 빨리 해결할 수 있도록 상대방의 생산성을 높여야 한다. 다만 일을 재촉해서 결과물의 수준을 떨어뜨리는 일만은 피해야 한다.

고객(의뢰자)의 생산성도 높여야만 한다. 내가 하는 일(세무업)을 예로 들자면, 고객의 생산성이 낮으면 필요한 자료를 필요한 때에 받지 못하는 경우가 생기고, 당연히 내 일에 지장을 초래한다. 최악의 경우, 신고 기한을 못 지켜 불필요한 가산세를 지불하는 사태가 일어난다. 이런 일을 피하기 위해서는 고객의 생산성을 높이기 위해 조언을 하거나 도움을 줄 필요도 있다.

다만 어떻게 해도 변하지 않는 고객이 있다. 세무업의 경우, 자료를 보내지 않거나 세금을 제대로 납부해야 한다는 의식이 낮거나(이것은 생산성의 문제는 아닐 수 있지만), 경리가 일을 대충대충 하는 회사가 있다.

회사의 구조를 근본부터 바꾸지 않으면 이런 사태가 되풀이되고 직원들도 바뀌지 않을 것이다. 하지만 끈기 있게 개선을 요구해야 한다. 아무리 요구해도 변화하지 않으면 내 업무의 생산성 하락으로 이어지므로, 계약을 해지하는 방안도 생각해볼 필요가 있다.

외주업체나 고객의 생산성을 높이는 것은 매우 중요하

다. 물론 이들을 관리하기란 절대 쉬운 일이 아니지만 자사의 생산성을 높이기 위해서는 반드시 필요한 일임이 분명하다. 일의 진행이 더디고 시간이 오래 걸릴 경우 잊지 말고 이런 점을 검토해보자.

일을 빠르게
해치우는
게임을 즐기자

생산성을 높이기 위해서는 업무 시간(노동시간)을 줄여야 한다. 이를 위해 다양한 시도를 해보는 것이 좋다. 여기에서는 일을 빠르게 완수하는 사람, 즉 '일이 빠른 사람'이 되는 방법을 생각해보고 몇 가지 제안하고자 한다.

본래 일이란 즐기면서 몰두하는 것이 최선이지만, 아무 흥미도 없지만 어쩔 수 없이 해야 하는 일도 많다. 이런 일은 최대한 빨리 처리함으로써 소요 시간을 줄이자.

일 처리 속도를 올리는 방법 1

도구를 능숙하게 다룬다

일 처리 속도를 높이기 위해서는 하드웨어, 소프트웨어 가릴 것 없이 필요한 도구를 능숙하게 다룰 수 있어야 한다.

우선 컴퓨터로 일을 하는 사람은 가급적 새로운 컴퓨터, 성능이 좋은 컴퓨터를 사용하자. 이를 통해 처리 시간을 단축할 수 있다. 6, 7년 정도 같은 컴퓨터를 사용하게 되면 처리 속도가 느려져서 '대기 시간'이 길어질 수 있다. 내 생각만큼 컴퓨터가 움직여주지 않거나 화면이 자주 멈추면 컴퓨터를 바꿀 때가 됐다는 얘기다. 불필요한 대기 시간이 없어지면 스트레스도 줄어들고 일도 원활하게 진행된다.

또한 최근에는 스마트폰만 있으면 문제없이 일할 수 있는 경우도 많다. 화면이나 입력창이 작아서 불편하긴 하지만 애플리케이션을 능숙하게 사용하면 대부분의 일을 문제없이 처리할 수 있다.

스마트폰의 애플리케이션 개발 분야는 경쟁이 심해서

점점 좋은 애플리케이션이 개발되고 있으며 카메라 성능도 뛰어나다. 다른 기기는 사용하지 않고 스마트폰만으로 일을 처리하는 것도 한 가지 방법이 될 수 있다.

타이핑도 의외로 중요한 요소다. 연습을 거듭해서 속도를 올리자. 오타가 나지 않게 타이핑할 수 있도록 숙련도를 높이고 입력 속도를 올리면 그만큼 일 처리도 빨라진다. 이런 부분은 가볍게 여기기 쉽지만 상당히 중요한 요소다.

일 처리 속도를 올리는 방법 2
시간을 제한하고 집중한다

생산성을 높이기 위해서 일에 소요되는 시간을 짧게 설정하고 이 시간 내에 집중해서 일을 해치운다. 다시 말하지만 집중하기 위해서는 시간대와 장소가 중요하다. 자신이 집중할 수 있는 시간대를 찾고 집중할 수 있는 장소를 확보하여 효율적으로 일을 해야 한다. 집중하기 위해서는 헤드폰과 음

악, 귀마개 같은 도구가 필요할 수 있다. 다양한 방법을 시도해보고 집중할 수 있는 방법을 찾아보자.

일 처리 속도를 올리는 방법 3
힘을 뺄 곳을 찾는다

어떤 업무든 전력을 기울이는 사람이 있다. 물론 훌륭한 자세다. 하지만 이로 인해 생기는 폐해도 있음을 알아야 한다. 개별 업무에 대해 어떤 부분이 중요하고 어떤 부분은 무시해도 되는지를 검토하는 과정이 필요하다. 업무의 '중요성'을 확인해야 한다는 얘기다.

예를 들어 경리 업무라면 1,000원이 안 맞는다고 하루 종일 서류를 들여다보는 것은 더없이 어리석은 일이다. 1,000원의 오차는 딱히 큰 문제가 아니다. 계속 비는 금액이 생기고 이런 일이 반복되면 곤란하겠지만 그렇지 않다면 작은 오차는 무시해도 좋다.

이메일이 와도 중요하지 않은 일이면 답장을 안 해도 된다. 의미 없는 이메일에도 힘들여 답장을 하다 보면 시간이 아무리 많아도 부족하다. 이처럼 '중요성의 원칙'을 머릿속에 넣어두고 핵심만을 붙들고 집중해서 일해보자. 일이 빨라지고 중요한 일에 더욱더 집중할 수 있을 것이다.

지금까지 설명한 내용은 일부긴 하지만 이런 사항들을 의식하면서 업무를 해보고, 매일 업무 시간이 얼마나 단축되는지를 체크해보자. 어느 정도 능숙해지면 '여유'가 생긴다.

그런 다음 남은 시간에 무엇을 할 것이냐, 바로 여기가 승부처라 할 수 있다. 무엇이든 자신이 좋아하고 몰두할 수 있으며 잘하는 일을 해보자. 이렇게 하면 밝은 미래로 나아갈 수 있는 무기를 얻으리라 믿는다.

무용지용,
쓸모없는
시간을 확보하자

지금까지 우리는 사람은 (특히 남자는) 일을 해서 돈을 버는 것이 가장 중요하다고 여겼다. 이제는 낡아버린 구식 가치관이다. 물론 일은 사람에게 도움이 되고, 인생의 중요한 일부이므로 매우 귀중하다. 하지만 돈을 벌기 위해 일만 해서는 인생의 깊은 맛을 알 수가 없다. 다방면에 흥미를 갖고 지식을 쌓으며 경험해야 인생의 진면목을 들여다볼 수 있다.

　노자와 장자가 말한 '무용지용(無用之用)'은 '아무짝에도 쓸모가 없다고 여겨지는 것이 바로 그렇기 때문에 쓸모가 있다'는 뜻으로, 다시 말해 '이 세상에 불필요한 것은 없다'는 말이다.

우선, 자신이 지금까지 어떤 식으로 행동해왔는지를 떠올려보자. 사람들은 기본적으로 일을 일상의 중심에 둔다. 평일에는 온종일 일하고 가끔 저녁에는 회식을 하거나 접대를 한다. 그리고 휴일에는 느긋하게 잠을 자거나 가족들과 시간을 보낸다. 휴일도 없이 계속 일하는 사람도 있을 것이다.

누구나 각자의 인생을 사는 법이므로 비난하거나 부정할 마음은 없다. 하지만 정말로 일만 하면서 산다면 급기야는 황폐해질 우려가 있고 업무 능력도 점점 떨어질 것이다. 적극적으로 시간을 만들어 '무용지용'을 실천해야 한다.

생각나는 '무용지용'의 사례를 열거해보겠다. 전시회를 보러 가거나 영화를 본다. 관심이 없는 분야의 책을 읽고 실황 공연을 보러 간다. 박물관을 견학하고 스카이다이빙을 해본다. 바둑을 배우고 백화점 식품관을 돌아다녀 본다. 목적 없이 산책하고 절을 순례한다 등등.

생각나는 대로 열거해보았다. 물론 극히 일부의 예를 들었을 뿐이며 얼마든지 '무용지용' 거리를 찾아낼 수 있다. 자신이 지금까지 해온 일을 제외하고 한 번도 생각해보지 않았던 무언가를 갑자기 해보기를 추천한다.

나 또한 평소 무용지용을 의식하고 있다. 어딘가에 갔을 때는 지금까지 해본 적 없는 경험을 할 수 있지 않을까 하고 열심히 찾아본다. 큰맘 먹고 값비싼 빌딩 전망대를 돌아보고, 유람선을 타보고, 잘 모르는 영화를 보고, 메이지진구의 숲이 찍힌 사진집을 들여다보기도 했다. 이런 경험은 몹시 유용했다. '이런 세계가 있구나' 하면서 놀란 적도 있고 직간접으로 내가 하는 일에 적용할 수 있는 것도 많았다. 이런 무용지용이 모여 지금의 나를 만들어왔다고 자신 있게 말할 수 있다.

사람들은 누구나 지금까지 해온대로 시간을 보내려고 하기 십상이다. 나도 그런 경향이 무척이나 강해서 가능한 한 지금 사는 지역에서 벗어나고 싶어 하지 않는다. 또한 매일 같은 일을 하면서 시간을 보내고 싶다고 생각할 때도 많다. 하지만 가끔은 지금 이 자리를 훌쩍 떠나서 문득 떠오른 생각을 실천해본다. 분명 일에도 도움이 될 것이다.

지인이 운영하는 블로그에 '1일 1신'이라는 코너가 있다. 매일 무언가 새로운 일, 지금까지 한 번도 해보지 않은 일을 하나씩 해보고 블로그에 쓰는 것이다. 매일 같은 행동을 꾸준히 하는 것도 나름 가치가 있겠지만, 지금까지 전혀 해보지 않은 일, 업무와 관계없는 새로운 일을 해보는 것도 중요하다. 이를 통해 새로운 자신을 찾아낼 수 있을지도 모른다.

새로운 무언가를 해보고 자신의 성향에 맞고 즐거운 느낌이 들면 그것에만 집중해서 시간을 보내는 것도 좋다. 업무와 무관한 일이라 해도 극한까지 밀어붙여 경험하는 것 또한 소중한 시간을 알차게 보내는 한 가지 방법이다. 평소 '무용지용'을 염두에 두고 업무와 관계없는 행동을 하는 시간을 마련해보자.

One-Person Business

5장

1인 비즈니스를 위한 가이드
- 정리 편

1인 기업을 오랫동안 유지하기 위한 방법

지금부터는 1인 기업을 경영해나가는 방법을 정리해보겠다. 먼저 회사를 크게 키운 다음 안정시키고 가능하면 상장까지 시켜서 이익을 얻고 많은 보수나 배당을 받아 편안하게 살아간다, 우리는 지금까지 이런 사고방식으로 살아왔다. 경영자가 되는 이상 부자가 되기로 마음먹고 행동해왔다. 지금도 많은 사람이 그렇게 생각하고 있을 터이다.

하지만 우리가 지금까지 살펴본 1인 기업은 완전히 다르

사원 제로, 혼자 시작하겠습니다

다. 매출을 꾸준히 늘리는 게 아니라 일정한 매출을 유지하는 것이 기본자세다. 생활비를 비롯한 각종 비용을 산출해 역산해본 결과 이익이 나오면 충분하고, 경우에 따라서는 나라 안팎의 경제 흐름에 맞추어 점차 회사 규모를 축소하는 방식도 고려할 수 있다.

매출 규모가 작은 만큼 1인당 총이익과 순이익을 높이려고 하는 것이 1인 기업이다. 예를 들어 생활비 3,000만 원, 미래를 위한 투자 3,000만 원, 세금 3,000만 원(3의 1 이론)이라고 생각하면 임직원 급여는 9,000만 원이 되는데, 이를 달성하기 위해서는 2억 2,500만 원(총이익을 임원급여 4: 경비 4: 이익 2로 분배한다)의 총이익을 내야 한다(3장 3항 참조).

물론 혼자 일하는 게 아니라 직원을 고용하는 경우에도 (직원의 급여는 경비 9,000만 원에 포함된다) 마찬가지다. 다만 혼자서 이러한 수치를 달성하면 1인이 벌어들인 총이익이 2억 2,500만 원이 되는데, 이것은 상당히 우수한 결과이다. 대기업이나 상장 기업과 비교해도 손색이 없을 뿐 아니라, 이만큼 벌어들이는 회사는 사실 거의 없다. 요컨대 '1인당' 총수익을 기준으로 큰 기업과 비교해도 가슴을 펴고 자랑할 수 있는 결과를 1인 기업에서도 낼 수 있다는 것이다.

큰 회사에서는 모두 함께 벌어들인 총이익을 주주나 경영진이 조금씩 떼어 가므로(착취하므로), 개인이 벌어들이는 수익은 오히려 1인 기업이 높은 경우도 많다. 규모가 작다고 해서 비굴해질 필요가 전혀 없다. 당당히 일하고 이익을 늘리자.

1인 기업을 오래오래 유지하기 위해서는 '위를 노리지 않는 것'이 중요하다. 처음부터 매출을 늘리고 규모를 키우려고 무리하지 않아야 한다. 돈을 어느 정도 벌었다고 해서 규모를 키우는 것은 1인 기업으로서 커다란 우를 범하는 일이다. 1인 기업은 계속 작게 유지해나간다. 이것이 망하지 않는 비결이다.

이외에도 1인 기업을 망하지 않게 유지하는 몇 가지 비결이 있다. 그중 하나는 차입을 되도록 하지 않는 것이다. 이익을 쌓아 어느 정도 신용이 생기면 은행 같은 기관에서 차입을 할 수 있게 된다. 회사를 운영하다 보면 자금이 일시적으로 막히는 경우도 있다. 이럴 때 유혹이 생길 수 있지만 되도

사원 제로, 혼자 시작하겠습니다

록 차입을 해서는 안 된다. 약간의 계산 착오 등으로 변제가 늦어지면 파산 위기에 빠진다. 마찬가지로 어음 등에도 손을 대서는 안 된다.

또한, 조금 벌었다고 해서 생활수준을 높이면 안 된다. 사무실을 호화롭게 꾸미지 않고 쓸데없는 물건을 사지 않는 것도 중요하다.

어느 정도 회사 꼴을 갖추게 되면 이상한 권유도 많이 받게 된다. 어디에 투자하라거나, 홈페이지를 깔끔하게 바꾸라거나, 어느 모임에 가입하라거나, 매출을 늘리기 위해 어디에 들어오라거나 하는 권유다. 내가 필요해서 찾은 것이 아니라, 상대방이 멋대로 제안해오는 이런 권유는 모두 무시하자. 필요한 것은 전부 내가 직접 찾아야 한다. 멋있어 보이더라도 이상한 권유는 전부 무시해도 좋다.

일단 계획을 제대로 세우고, 계획에서 어긋나는 것에는 절대 마음을 빼앗기지 않도록 유념하자. 자신의 페이스를 지켜나가는 것이 핵심이다.

1인 기업에서 절대 해서는 안 되는 일

1인 비즈니스에서 해서는 안 되는 일에 대해 생각해보자. 우선 당연한 말이지만 규모를 크게 키워서는 안 된다. 영업이 술술 잘 풀려 갑자기 업무가 늘었을 때 사람을 고용해버리면 나중에 다시 원래대로 돌아가기가 무척 어렵다.

한 명만 고용했다면 그나마 다행이지만 두 명 이상 고용했을 경우에는 되돌리기가 더욱 쉽지 않다. 원래 업무는 점점 늘어나는 법이다. 사람을 고용하면 편해지고 벌이가 늘어날 것 같다는 생각이 든다. 사실 이런 마약 같은 생각은 좀처럼 떨쳐버리기 어렵다. 무슨 일이든 첫 걸음을 내디딜 때 신중을 기해야 한다.

이와 관련해서 덧붙이자면 고정비를 늘리는 것도 주의해야 한다. 고정비를 늘리기는 아주 쉽지만 줄이기는 정말로 어렵다.

예를 들어 나의 사무실에도 '홈페이지를 멋지게 꾸며보세요'라는 영업 전화가 자주 걸려온다. 홈페이지가 정말로 매출에 크게 공헌해준다면 문제없겠지만, 대개는 그렇지 않다. '매월 50만 원을 내고 60개월 임대하면 부담이 없다'와 같은 광고 문구에 넘어가는 사람이 많다고 한다.

초기 투자비용이 들지 않고 매월 50만 원을 들이면 매출이 100만 원 늘어난다면 가성비가 좋다고 생각해 계약해버리는 것이다. 하지만 실제로는 3,000만 원(50만 원×60개월)짜리 쇼핑을 하는 것이나 마찬가지다.

홈페이지 덕에 기대한 대로 이익이 계속 늘면 좋겠지만 대개는 그렇지 않다. 결국 업데이트도 잘 안 되고 도리어 짐이 되어버리는 경우가 많다고 한다.

극단적인 예를 들었지만, 실제로도 고정비를 별 고민 없이 늘리는 사람이 많다. 예를 들어 매월 5만 원이라고 해도 1년이면 60만 원, 10년에 600만 원이나 지불해야 한다. 고정비를 늘릴 때는 총합 얼마를 지불하게 되는지, 그것이 정말로 도움이 되는지를 심사숙고해야 한다.

이미 지불하고 있는 고정비도 마음을 독하게 먹고 하나씩 없애자. 실제로 도움이 되고, 없으면 업무 처리에 곤란한 게 아니라면 전부 없앤다. 일단 계약을 전부 해지해보고 그럼에도 정말로 필요하다면 다시 계약하면 된다. 대개는 필요하지 않은 것임이 판명될 것이다.

없애야 할 고정비를 노트에 죽 적어놓고 매일 확인하면서 계약이 해지된 것은 지워나간다. 이 작업을 해내지 못하면 고정비를 줄일 수 없다. 고정비는 마치 늪처럼 헤어 나오기가 쉽지 않으므로 무엇이든 계약을 할 때는 매우 주의를 기울여야 한다.

고정비와 관련하여, 높은 임대료를 지불해서 좋은 사무

실을 빌리거나 고급 승용차를 회사 이름으로 사서 경비 처리하는 것도 주의해야 한다. 호화로운 사무실, 좋은 승용차는 1인 기업에 전혀 필요하지 않다. 또한 교제비나 접대비에 많은 돈을 쓰는 사람도 있지만 다 부질없는 짓으로 나중에 후회만 안겨준다.

1인 기업에는 다양한 유혹이 밀려들지만 깡그리 무시해도 좋다. 예를 들어 '절세를 위해 보험에 가입하라'는 권유를 받을 때가 있다. 보험회사에서 일하는 분들께는 정말 죄송한 말이지만, 보험을 들어 세금을 줄이려 해봐야 실속이 없다. 보험은 개인이 만일의 사태를 대비하여 자신과 가족을 지키기 위해 가입하는 것이다.

절세를 위해서 무언가를 구입해 경비 처리를 한다고 해도 결국 가진 돈이 줄어들 뿐이다. 무리하게 절세할 생각일랑 하지 말고 세금을 제대로 내는 것이 돈을 남기는 법이다. 절세를 위해 주머니를 비우는 것은 어리석은 짓이다.

아무튼 회사를 경영하다 보면 다양한 유혹의 손길이 뻗쳐온다. 전화를 비롯한 영업 공세가 대단하다. 알고 보면 하나같이 영업을 하는 쪽에만 이득이라고 해도 과언이 아니므로 전부 무시해도 좋다. 무언가 필요한 것을 살 때는 자신이 찾아서 직접 선택해야 한다.

규모 확대의
함정에
빠지지 마라

혼자서 사업을 하다 보면 외로울 수 있다. 또 이런저런 이유를 만들어 다양한 모임에 들어가 보거나 뭔가 미심쩍은 세미나에 기웃거려보는 사람이 많다.

하지만 1인 기업에는 거의 필요하지 않은 것들이다. 필요한 것은, 정말로 우리 인생을 바꿀 극소수의 스승이나 책, 세미나뿐이다. 유혹에 휘둘리지 말아야 한다.

수상해 보이는 파티에 가면 '직원은 몇 명인가요?', '매출은 어느 정도인가요?'라고 묻는 사람들이 많다. 하지만 그런 것들은 아무래도 좋다. 예를 들어 '매출 1,000억!'이라고 호언하더라도 직원이 1,000명이라면 1인당 매출은 1억 원이다. 업종에 따라서 다르지만 총이익률을 70퍼센트라고 가정하면 1인당 총이익이 7,000만 원인 것이다. 이 정도라면 1인 기업이 훨씬 큰돈을 벌고 있을 가능성이 크다. 외양은 화려해도 막상 속을 뒤집어보면 실속이 없는 것이다.

주눅 들지 말고 당당하게 살아가자. 사실 애초에 회사 규모를 비교하는 것 자체가 아무런 의미도 없다. 업무의 종류와 운영 방식이 완전히 다른데 뭐하러 직원 수를 단순 비교하는가. 이상한 이야기다. 누가 물어본다면 당당히 '혼자서도 잘 벌고 있습니다!'라고 대답하자.

경영을 시작하면 규모를 확대하고 싶은 욕구와 유혹이 엄습한다. 편리하고 깔끔한 사무실에서 일하고 싶고, 많은 동료와 뜻을 공유하고 싶어지기도 한다. 매출을 늘리고 회사를 상장시켜 많은 재산을 손에 넣고 싶고, 일자리를 늘려 국가 경제에 공헌하고 싶다는 마음이 들 수도 있다.

하지만 혼자서도 충분히 하고 싶은 일을 하고 꿈꾸던 바를 달성할 수 있다. 사무실만 하더라도 싸고 편리하고 깔끔한 곳은 찾아보면 얼마든지 있다. 굳이 먼 거리를 통근하며 일할 필요도 없으며, 깔끔한 사무실이라고 해도 금방 질리고 만다. 마음 편한 장소에서 일할 수 있다면 그걸로 충분하다. 사무실이 아니라 카페 같은 데라도 전혀 문제 되지 않으며 자택에서 일할 수 있다면 가장 좋다.

돈에 여유가 있다면 여러 가지 물건을 살 수 있을 것이다. 예를 들어 승용차를 좋아한다면 세계에 몇 대밖에 없는 최고급 외제차를 살 수 있다. 또한 비싼 고급 시계도 마음먹은 대로 살 수 있을 것이다. 하지만 나는 10년간 타고 있는 작은 승용차로 충분하고, 시계는 10만 원짜리를 애용 중이다.

지금 가지고 있는 것으로 만족하기에 새 것이 필요하다고 생각하지 않는다. 다른 사람보다 물욕이 없는 탓인지 모르지만 새롭거나 고급스러운 물건을 사고 싶다는 욕구가 아예 없다. 어쨌거나 나는 지금 무척이나 행복하며, 건강을 유지하며 느긋하게 살아가는 것이 가장 중요하다고 생각한다.

'경영자'가 되면 돈을 많이 벌어서 부자가 되고 싶다는 희망을 품을 수 있다. 하지만 지금까지 설명했듯이 자신의 성향과 형편에 맞춘 경영을 하면서 충분히 즐거움을 찾을 수 있다. 다른 사람에게 도움을 주면서 되도록 적게 벌어서 좋아하는 일을 하며 즐거운 삶을 살아보자.

또한 혼자 사업을 해서 부자가 된 사람도 많다. 혼자서 완벽히 일을 해내서 1인당 총이익을 대기업보다 많이 벌어들인다, 정말 멋있는 일이다!

점차 경제 규모가 줄어드는 상황에서 무리하게 많이 벌어들이려고 하면 어딘가 어긋나는 데가 생겨서 많은 사람이 고생하게 된다. '규모 확대의 함정'에 빠지지 않도록 주의하자.

가계 순자산은 플러스로, 무형자산은 무한대로

1인 기업을 경영할 때는 물론이고, 인생이라는 이름의 1인 경영을 할 때 중요한 것은 순자산을 플러스로 유지하고 무형자산을 무한대에 가깝게 만들어나가는 일이다.

다양한 경영 분석용 지표가 있다. 여러분도 들어본 적이 있을 것이다. 예를 들어 '자기자본비율'이란 말이 있다. 회사의 총자산(자금, 외상 매출금, 고정자산, 대부금을 비롯한 모든 자산)에서 차지하는 순자산(회사가 해산했을 때 남게 될 가치)의

비율을 말하는데, 이 자기자본비율은 50퍼센트 이상이어야 한다고들 말한다.

이외에도 다양한 지표가 있으며 열거하자면 끝이 없다. 하지만 1인 경영에서는 하나만 머릿속에 넣어두면 된다. 바로 '가계의 순자산이 플러스일 것'이다. 물론 회사 경영에 관련된 수치를 분석하는 것도 중요하지만 1인 경영에서는 회사의 관련 수치도 '가계'에 포함되므로, 가계의 순자산을 플러스로 만드는 것이 핵심이다.

가계의 순자산은 생각보다 간단히 구할 수 있다. 가지고 있는 자산에서 부채를 빼면 된다. 우선 가계 소유의 저축이나 주식, 금융 상품 등의 현재 가치를 산출한다. 주식은 증권회사에서 나오는 자산의 목록을 보고 현재의 가치를 계산한다. 자택의 경우 인터넷 등을 통해 자신이 소유한 부동산의 가치를 조사해서 계산해둔다(100퍼센트 정확할 필요는 없다). 자동차 또한 중고 매매가를 조사해서 계산한다. 소유물 중에서 팔 수 있는 물건의 가치를 계산한다. 이러한 자산 중에 빼놓지 말아야 할 것이 '회사의 가치'다. 즉 경영하고 있는 회사의 순자산도 개인의 자산에 넣는다.

자산을 산출했다면 다음은 부채를 계산한다. 부채는 금액이 정해진 상태이므로 계산하기 쉽다. 주택 대출금의 잔고, 여기저기서 빌린 차입금, 신용카드의 미지급 잔액 등을 더한다. 산출한 자산에서 부채를 뺀 금액이 (개인의) '순자산'이 된다. 이 순자산을 플러스로 유지하는 것이 핵심이다.

극단적인 예를 들어보면, 가진 자산이 3억 원(주택만 보유했다고 가정), 주택 대출금이 2억 원이라고 하면 순자산은 1억 원이다. 이때 현금을 10원도 가지고 있지 않다고 해도 집을 팔면 1억 원의 현금을 손에 넣을 수 있다(실제로는 매매 수수료 등이 들어간다). 물론 집을 그렇게 간단히 팔 수는 없지만 최악의 경우 현금화할 수 있는 것이 있으면 안심이 된다. 이 순자산은 항상 확인해서 플러스 상태가 유지되도록 유념해야 한다. 손에 쥔 현금이 별로 많지 않더라도 만일의 경우에 대책이 있으니 안심할 수 있다.

이것과는 별개로 '무형자산'을 최대한 많이 만들어둘 필요가 있다. 당연히 돈이나 부동산 같은 유형자산은 많으면 많을수록 좋지만, 무형자산을 많이 가지는 것도 중요하다. 무형자산의 대표적인 예는 신용이나 지식, 지혜, 친구 등이다. 이들이 있다면 만약 순자산이 마이너스라고 하더라도 이를 플러스로 전환할 수 있다. 자신이 가진 지식이나 지혜를 이용해 장사를 해서 돈을 벌 수 있고, 친구에게 도움을 받을 수도 있다.

나는 늘 유형자산을 이용해 무형자산을 얻고자 노력한다. 예를 들어 책을 여러 권 산다거나, 참가비가 비싼 세미나에 참석하여 지식과 지혜를 얻는다. 돈보다도 무형자산을 많이 가지고 있으면 안정된 미래를 열어가는 데 필요한 가치를 창출할 수 있다. 손에 들고 있는 현금이 없더라도 순자산이 플러스라거나 무형자산을 최대치로 가지고 있다면 큰 어려움은 겪지 않을 것이다. 순자산을 플러스로 유지하고 무형자산을 점차 늘려나가며 1인 경영을 해보자.

사원 제로, 혼자 시작하겠습니다

건강하지
못하면
혼자서
일할 수 없다

앞서 설명했던 '무형자산' 중에 가장 중요한 것은 사실 '건강'이다. 인생 100세 시대, 죽을 때까지 일하면서 즐겁게 살아가기 위해서는 건강이 가장 중요한, 절대 조건이다. 1인 경영을 하는 사람일수록 무엇보다 건강해야 한다. 여러분의 일을 대신 해줄 사람은 아무도 없다. 갑자기 무슨 일이 생기면 남은 가족이 곤란해질 것이다.

여기에서는 건강을 유지하기 위한 방법에 대해 생각해

보자. 40대 후반은 낡은 상식으로 보자면 인생이 꺾일 때를 이미 지나서 죽는 날만 기다리는 나이일지도 모르겠다. 나도 머지않아 정년을 맞이하지만, 일을 그만두고 여생을 느긋하게 보낼 수 있을 거라는 상상은 결코 할 수 없다.

그렇다면 어떻게 해야 할까. 답은 하나다. '좋아하는 일을 하며 사는 것'이다. 지금도 좋아하는 일이 많지만 그중에서도 엄선해서 한 가지 일을 해나간다.

'성장기의 샐러리맨' 모델은 이미 전부 붕괴하고 말았다. 해가 갈수록 급료가 올라가고 정년이 되면 거액의 퇴직금을 받고 이 돈으로 편안하게 여생을 보내는 시대는 완전히 막을 내렸다. 사정이 이렇게 된 이상 급여나 보수가 적더라도 죽을 때까지 계속 일을 해서 돈을 벌어야만 한다. 다행히도 IT 기술이 발달함으로써 죽는 날까지 좋아하는 일을 하며 돈을 벌기가 상당히 쉬워졌다.

하지만 건강하지 못하면 아무것도 할 수 없다. 몸이 아프면 무언가를 할 기분이 나지 않는다. 억지로 한다 해도 계속할 수 없다. 건강하지 못하면 좋아하는 일에 전념할 수 없다.

사원 제로, 혼자 시작하겠습니다

그렇기에 건강을 소중히 여겨야만 한다. 우선은 과식이나 운동 부족으로 비만에 빠지는 것을 피하자. 근육질 몸매를 가꿀 필요는 없지만, 적당한 운동을 하면서 질 높은 식사를 하고 자신에게 걸맞은 최고의 몸 상태를 유지해야 한다.

병에 걸리지 않으려면 다른 사람과 과도한 접촉을 피하고 스트레스를 쌓아두지 않는 것도 중요하다. 외출해서 사람과 많이 접촉하면 무언가에 전염되거나 병에 걸릴 가능성이 커질 수밖에 없다. 집에 틀어박혀 있을 필요는 없지만 기본적으로는 '실내 생활'을 즐기는 것이 건강을 유지하는 비결이라고 생각한다. 가급적 혼자 있거나 가족들하고만 접촉하고, 너무 많이 돌아다니지 않는다. 매일 술을 마시러 다니지 않는다. 적당히 운동하고 좋은 음식을 먹는다. 이런 생활방식이 스트레스를 떨치고 건강을 유지하는 길이다.

앞으로는 육체적, 정신적 건강이 돈보다 더 중요한 가치를 갖게 될 것이다. 지금부터 건강에 유념하고 운동과 섭식, 스트레스 관리에 신경을 쓰며 살아보자.

새로운 일에
끊임없이
도전한다

1인 경영의 경우에는 업무를 점차 바꿔나가는 것이 좋다. 특히 앞으로는 유동성이 점점 커질 것이다. 어느 순간 지금까지 해온 일을 못 하게 될 수도 있다. 인공지능이 계속 발달하면서 기계가 우리 일을 대신하는 시대가 오고 있기 때문이다.

개인적인 예를 들어 민망하지만, 나는 회사를 그만두고 세무사무소를 열었다. 더불어 사업 관련한 책을 출판했고, 본업이 어느 정도 궤도에 오르고 난 뒤에는 많은 책을 저술했다. 2010년경부터는 세무업을 하며 얻은 지식을 살려 유료 세미나도 시작했다. 같은 시기에 친구와 함께 소규모로 경마 경주에 출전하는 말을 관리하는 사업을 시작했다. 또한 준비 단계지만 앞으로는 소설을 쓸 생각이다. 그리고 장래에는 카 페나 음식점을 경영할지도 모른다.

세무업과 집필, 말 사업을 언뜻 아무런 관계가 없는 것처럼 보일지 모르지만, 실제로는 서로 밀접하게 연관되어 있다.

나는 세무사로서 여러 고객을 접하는 동안 다양한 법칙을 발견하여 이런 내용을 글로 써서 돈을 벌 수 있었다. 말 사업 또한 돈이나 투자에 대한 지식과 지혜가 없으면 못 하는 일이다. 향후 계획하고 있는 소설 쓰기나 외식업을 할 때도 세무 사업이나 집필로 얻은 지식과 경험을 충분히 살릴 수 있으리라 본다.

사업이나 업무를 점차 바꾸고 새로운 일을 하기 위해서는 우선 한 가지 사업을 핵으로 삼아 얼마간 비슷한 것을 하나씩 시작하는 것이 좋다. 예를 들어 전기 공사를 하는 회사를 경영하는 사람이라면 연관성을 살려 나중에 가전제품 판매업을 하면 좋을 것이다. 물론 부업으로 할 수도 있다.

생판 다른 사업을 한다고 해도 지금 쓰고 있는 사무실이나 승용차를 그대로 사용할 수 있다. 자원의 사용이라는 의미에서 유용하다면 그런 사업도 할 수 있다.

내가 생각하고 있는 카페는 많은 손님이 찾아오지 않아도 좋다. 카페 일을 하는 사이에 세무업 등 다른 일도 함께 하는 방식을 염두에 두고 있다.

제목에 쓴 '새로운 일에 끊임없이 도전한다'라는 지침과는 조금 거리가 멀게 느껴질 수도 있다. 한 가지 사업을 핵으로 삼고 관련 사업을 조금씩 위성처럼 늘려나가는 느낌이 맞을지도 모르겠다.

사업이나 업무를 바꾸거나 늘릴 때 주의할 점은 시간을 너무 많이 뺏겨서는 안 된다는 점이다. 새로운 사업을 함으로써 필요한 시간이 배로 늘어난다면 앞뒤가 바뀐 것이다. 원래 하던 사업에 소요되는 시간이 제로에 가까워진 후에 새로운 사업을 시작하거나, 본업에 시간을 투여하면서 시너지 효과를 낼 수 있는 일을 찾아보자.

지금부터는 시대가 점차 변해나갈 것이다. 당연히 변화의 속도 역시 빨라질 것이다. 그러므로 예전 같은 사고방식과 사업 감각을 고수하며 변화를 도외시하는 태도는 위험하다. 지금까지 좋다고 생각해온 것들이 어느 순간 무용지물이 될 수도 있다는 점을 생각해야 한다.

이런 시대에는 자신도 함께 변해나가는 의식과 역량을 갈고 닦아야만 한다.

세무업 등은 10년 후, 20년 후에는 없어질 일이라고 여기는 사람이 많다. 물론 그렇게 쉽게 없어지지는 않을 테고, 기능을 달리하며 살아남을 거라고 생각하지만 지금 상태에 자만하지 말고 조금씩 바꿔나가야만 한다. 1인 경영을 하는 사람도 마찬가지다. 지금 하는 일을 핵심으로 삼아 조금씩 변해나가야 한다. 항상 새로운 것을 생각하며 자기 자신을 바꿔나가자.

돈과 일은
어떻게 되든
좋다고 생각하자

지금까지 1인 경영에서 중요한 것을 많이 적었지만, 궁극적으로는 '어떻게 되든 좋다'고 생각할 수 있느냐의 문제가 아닌가 생각해본다. '어떻게 되든 좋다'라는 말은 내 좌우명이기도 하다.

인간이라면 누구나 무슨 일을 하려고 할 때 신중해지게 마련이다. 이는 당연할뿐더러 훌륭한 태도이다. 하지만 너무 신중을 기한 나머지, 주변을 보지 못하게 되거나 자기중심적

사원 제로, 혼자 시작하겠습니다

인 생각에 빠져 주변 사람들에게 폐를 끼치는 경우도 많다. 사람이 살아가는 데는 운에 좌우되는 일도 많다. 잘 풀리든 잘 풀리지 않든 '어떻게 되든 좋다'고 생각해야 한다.

1인 경영도 마찬가지다. 계획대로 풀리지 않을 때도 있고 생각한 만큼 매출이 나지 않아 돈에 쪼들릴 때도 있다. 하지만 이런 일들은 긴 안목으로 봤을 때 그렇게 큰 문제는 아니다. 생각한 것처럼 일이 풀리지 않아 고민하고 있다면, '인생을 멀리 볼 수 있도록' 노력해보자. 인생 100년이라고 생각하고 남은 시간을 어떻게 살아갈지를 생각하는 것이다. 이렇게 하면 지금 일이 원하는 대로 풀리지 않고 있다 해도 큰 문제가 되지 않는다. 장기 계획을 세우고 현재의 상황을 감안하여 미세하게 조정해나가면 된다.

향후 몇 년간 상황이 좋아지지 않을 것 같다고 해도 어려움을 헤치고 나아가며 자신이 세운 계획에 점차 가까워지면 된다. 장기적으로 어떻게 살아가야 할지를 확실히 정해두면 마음이 편해진다. 한 걸음 한 걸음 목표를 향해 나아가면 되는 일이다.

긴 안목으로 계획을 세우는 일 못지 않게 중요한 것은 '넓은 시야를 가지는 것'이다. 기본적으로 사람은 자신의 입장과 안목으로 주변을 볼 수밖에 없다. 하지만 보다 넓은 시야를 확보해 객관적으로 사물을 바라봐야 한다. 처음에는 어려울지 모르지만 이 역시 연습하다 보면 해낼 수 있다.

이 일을 해낸다면 눈앞에 있는 어려운 문제도 간단히 해결할 수 있다. 예를 들어 누군가에게 돈을 빌려주었는데 그가 갚아주지 않는 경우를 생각해보자. 물론 화가 날 테고 상대가 미울 것이다. 바로 이 대목에서 상황을 넓게 볼 필요가 있다. 자신에게서 상대방에게 현금이 이동했고, 상대방에게는 자신에 대한 '변제 의무'가 생긴 상황이다. 변제 의무는 장래 현금이 될 가능성이 크고 '자산'으로 볼 수 있다(회계 용어로 말하자면 외상매출금 혹은 대부금이다).

다시 말해 자산의 양은 달라지지 않았다. 변제 의무가 이행될 것이냐가 문제일 뿐이다. 어떤 절차를 거치든 향후 문제가 해결될 것이라고 생각해야 한다. 물론 돈이 돌아오지 않을 가능성도 있다. 다만 자산의 양이 달라지지 않은 상태라면 지금 당장 너무 조급해할 필요는 없다.

화가 나거나 불행하다고 느낄 수밖에 없는 상황이라 해도 사고방식을 바꿔보면 '어떻게 되든 좋다'는 생각이 들 때도 많다. 돈이나 대인 관계로 인한 문제는 대개 멀리 보면 간단히 해결된다는 사실을 알 수 있다.

사람들은 세세한 것에 너무 많은 신경을 쓴다. 이때 '어떻게 되든 좋다'라거나 '뭐, 안 되더라도 어쩔 수 없지'라고 생각하면 상당히 편해진다. 1인 경영이나 삶에서 어려움을 겪고 있거나 고민거리가 있을 때는 '어떻게 되든 좋다'고 한번 생각해보자.

맺음말

이 책을 끝까지 읽어주신 분들께 감사드린다. 나는 오늘날의 사회에 대해 커다란 위기감을 느끼고 있기에 이 책을 쓰게 되었다. 앞에서 말했듯이 우리 경제 규모는 축소될 가능성이 크다. 또한 지금까지 열심히 해온 일을 인공지능이나 로봇에게 뺏기는 사람도 많아지고, 대기업에 매달리는 일도 불가능해질 것이다.

이런 시대에는 어떻게든 '혼자서' 살아갈 수밖에 없다. 누군가에게 의존해서 살아간다는 사고방식을 버리지 않으면 큰 어려움을 겪게 된다. 스스로 생각하고 목표와 계획을 세워 이를 달성하며 살아가야 한다.

이를 위해서는 개개인이 독립해서 경영을 하는 것이 좋

사원 제로, 혼자 시작하겠습니다

지 않을까 계속 생각해왔다. 직원을 고용하지 않는 1인 기업이 늘어나 각자 유연성을 무기로 사업을 확대하다 보면 좋은 세상이 올지 모른다. 그렇게 생각하고 있다.

아직 우리 사회에는 열심히 공부해서 좋은 대학교에 들어가 대기업에 취직해서 돈을 벌어야 한다는 개념이 뿌리내려 있다. 사실 이런 생활방식이 자리 잡은 지도 불과 수십 년밖에 안 되는데도 그렇다. 다들 이렇게 살아야 정상이라는 고정관념을 버리지 못하고 있다. 하지만 예전에는 모두 자영업자로서 자립하며 살았음을 생각해볼 필요가 있다. 나는 개인적으로 그런 시대로 돌아가야 할 시점이 되었다고 생각한다.

나는 독립한 후에 좀처럼 일이 풀리지 않는 사람이나 방향을 잡지 못하고 있는 사람이 읽어주기를 바라고 이 책을 썼다. 이외에 회사에서 일하고 있지만 미래에 대한 희망을 잃은 사람이나 앞으로 독립하고 싶지만 왠지 모르게 불안한 사람도 읽어주었으면 한다.

이 책에서 쓴 것과 같이 1인 경영의 원칙을 올바로 실행할 수 있다면, 틀림없이 모든 일이 잘 풀려서 평온하며 즐거운 생활을 할 수 있을 것이다.

앞으로 젊은 세대는 극도로 어려운 시대를 맞이하게 될 것이다. 하지만 1인 경영의 원칙에 따라 살면 문제가 없다. 지금 하는 일이 제대로 풀리지 않는다고 느껴질 때 이 책에서 읽은 내용을 떠올려서 실천해보면 돌파구가 보일 것이다. 부디 이 책의 존재를 잊지 말고 기억해주기를 바란다.

마지막으로 이 책이 세상의 빛을 볼 수 있게 해주신 아스카출판사 관계자, 특히 편집자인 히사마쓰 씨, 그리고 우리 가족과 부모님, 친구들, 내 일을 함께 해주시는 분들께 감사 인사를 드린다.

KI신서 7977

사원 제로,
혼자 시작하겠습니다

1판 1쇄 인쇄 2019년 1월 24일
1판 1쇄 발행 2019년 1월 31일

지은이 야마모토 노리아키
옮긴이 구수영
펴낸이 김영곤 박선영 **펴낸곳** (주)북이십일 21세기북스

콘텐츠개발3팀장 문여울
교정교열 박기효
디자인 형태와내용사이
해외기획팀 임세은 이윤경 장수연
마케팅본부장 이은정
마케팅1팀 최성환 나은경 박화인
마케팅3팀 한충희 김수현 최명열
제작팀장 이영민

출판등록 2000년 5월 6일 제406-2003-061호
주소 (10881) 경기도 파주시 회동길 201(문발동)
대표전화 031-955-2100 **팩스** 031-955-2151 **이메일** book21@book21.co.kr

(주)북이십일 경계를 허무는 콘텐츠 리더

21세기북스 채널에서 도서 정보와 다양한 영상자료, 이벤트를 만나세요!
페이스북 facebook.com/jiinpill21 **포스트** post.naver.com/21c_editors
인스타그램 instagram.com/jiinpill21 **홈페이지** www.book21.com
서울대 가지 않아도 들을 수 있는 명강의! 〈서가명강〉
네이버 오디오클립, 팟빵, 팟캐스트에서 '서가명강'을 검색해보세요!

ⓒ 야마모토 노리아키 2017
ISBN 978-89-509-7934-8 03320